Webseite: https://www.paulette-marie-reymond.com
E-Mail: contact@paulette-marie-reymond.com

Korrektorat: Melody Aimée Reymond

Coverdesign: Katja Jost
https://www.katjajost.ch

Druck und Vertrieb: Amazon KDP

ISBN Taschenbuch: 9781686327193

Auch als Kindle-Ebook erhältlich.

Intergalaktische Zusammenarbeit

***

Botschaften von Ashtar Sheran

gechannelt von Paulette Marie Reymond

Über die Autorin

Paulette Marie Reymond lebt in der Schweiz und hat zwei erwachsene Töchter. Seit 30 Jahren arbeitet sie als Kanal mit der geistigen Hierarchie der Erde, den Erzengeln, hohen kosmischen Wesenheiten und Sternengeschwistern.

Es ist ihr ein Anliegen, der Erde und ihren Menschen in dieser Zeit des Aufstiegs in eine neue Daseinsoktave unterstützend beizustehen.

Webseite: https://www.paulette-marie-reymond.com

Für die Erde und ihre Menschen.

Danksagung

Hiermit möchte ich Ashtar Sheran für seine Liebe, Präsenz, Vertrauen und Geduld in all den Jahren unseres gemeinsamen Weges danken.

An einem Sonntagabend im Frühling 1992 wurde ich von Ashtar auf einem Flughafen in Süddeutschland kontaktiert, wo ich nach einem Wochenendseminar auf mein Flugzeug wartete. Ich hatte Mühe, anzunehmen was mir mitgeteilt wurde und bat ihn um einen Beweis. Einige Tage später erhielt ich von einer Channel-Freundin einen Brief mit einer persönlichen Mitteilung von Ashtar an mich! Es brauchte Jahre des Reifens und viele Transformationen, bis ich bereit war, mich als Kanal für seine Botschaften zur Verfügung stellen zu können.

Ich bin dir sehr dankbar.
In tiefer Verbundenheit,

Paulette Marie Reymond

Inhaltsverzeichnis

Einführung

Die Zeit auf der Erde ist anderen Paradigmen unterworfen als die Zeit im Raum. Ihr habt auf Erden andere Schwerkraftgesetze und das beeinflusst eure Zeit. Eure Distanz zur Sonne, die Inklination der Erde, etc. sind viele Ursachen, die bei euch die Zeit bestimmen. Im Raum gelten andere Gesetze – je nachdem, wo man sich aufhält. Dies hat jeweils mit der Anziehungskraft und Interaktion zu gewissen Gestirnen zu tun. Im freien Raum, wo keine Attraktion zu Gestirnen auftritt, ist die Qualität fast zeitlos, neutral. Der Alterungsprozess der Körper ist dort fast aufgehoben. Die Körper werden zeitlos.

Die Zeit bei euch ist im Vergleich zur unsrigen relativ. Das haben eure Wissenschaftler bereits herausgefunden. Nun ist da aber noch ein anderes Problem, eine andere Schicht, die ihr berücksichtigen müsst. Eure Erde ist in verschiedene Zeitzonen eingeteilt. Wir meinen damit nicht die euch bekannten Zonen, die mit den Längsgeraden der Erde zu tun haben, sondern die Zeitzonen eurer Geschichte. Eure ganze Geschichte ist im Jetzt vorhanden. Daher können wir mit euch in anno 2008 in

Kontakt treten, aber beispielsweise auch anno 1500 oder früher. Dies ist für euch schwierig zu verstehen. Die Zeit ist sozusagen – bildlich gesprochen – wie ein Geschichtsbuch mit vielen Seiten und Kapiteln. Eure Science-Fiction-Filme haben sich bereits mit dieser Thematik befasst. Ich erinnere an Filme mit Zeitreisen. Die »Erfinder« dieser Geschichten lagen durchaus richtig. Um mit euch jetzt im Jahre 2018/2019 Kontakt aufzunehmen, müssen wir also in die richtige Zeitzone hineinkommen. Unsere Orientierung richtet sich nach eurem Bewusstseinszustand, der sich schwingungsmäßig messen lässt. Wir orientieren uns nach dem globalen Schwingungszustand der Menschheit. Es hat auf der Erde schon immer bewusstseinsmäßig hoch entwickelte Menschen gegeben. Doch um die Zeit zu bestimmen, richten wir uns nach dem globalen Schwingungs- oder Bewusstseinszustand der Menschen.

Dieser Schwingungs- oder Bewusstseinszustand hat nun eine Amplitude erreicht, in der ihr bereit seid, mehr über den Raum, in der sich die Erde bewegt, zu erfahren. Mit dem Aufstieg in die fünfte Dimension werdet ihr bereit sein, euer Inseldasein hier auf der Erde zu sprengen und mit außerirdischen Zivilisationen Kontakt aufzunehmen. Das ist der Grund warum wir euch durch diese Texte Informationen zukommen lassen, die euch helfen werden, damit umzugehen.

Wir, eure Brüder des Lichtes, möchten euch ermuntern, euch von eurem Inseldasein zu befreien und in den Raum vorzustoßen, in dem wir gemeinsam am Evolutionsplan des Universums mitarbeiten werden – im Sinne des EINEN, der QUELLE, des GANZEN.

Euer Sonnensystem hat einige Gestirne, die um eure Sonne kreisen. Ihr nennt sie Planeten. Diese Planeten haben auch Trabante oder Monde. Die Planeten eures Sonnensystems und ihre Trabanten sind euch bekannt. Als Ganzes umkreist euer Sonnensystem eure Zentralsonne, Alcyone genannt. Diese befindet sich im Sternbild der Plejaden. Eure Zentralsonne ist eine mächtige Energie, die euch bewusstseinsmäßiges Wachstum und die Erde in eine höhere Schwingungsoktave bringt. Alcyone ist aber auch die Zentralsonne verschiedener anderer Sonnensysteme. Einige dieser Sonnensysteme werden wir euch jetzt näher bringen.

Zum einen gibt es das Sonnensystem von Aldebaran. Die Zivilisationen von Aldebaran sind schwingungsmäßig bereits in der fünften Dimension. Sie haben die Polaritäten harmonisiert und arbeiten am großen Plan des Lichtes und unterstützen die Evolution unseres Universums. Sie sind eure Nachbarn, Brüder und Schwestern. Sie versuchen schon längere Zeit mit euch Erdenmenschen Kontakt aufzunehmen. Ihre Signale erhieltet ihr unter anderem in Form von Kornkreisen, telepathischen

Übermittlungen und Kontakten mit euren Raumschiffen. Die Zivilisationen von Aldebaran sind Lichtarbeiter und eine Zusammenarbeit mit ihnen kann euch in eurer Entwicklung nur unterstützen.

Eine andere nachbarschaftliche Zivilisation befindet sich im Sternensystem der Plejaden. Die Plejadier sind hoch entwickelte Wesen, die unter anderem eure lemurische Kultur mitgestaltet haben. Sie kennen die Erde gut und möchten euch bei eurer Evolution helfen. Die Plejadier haben auch ein Karma mit der Erde, das sie jetzt in Liebe lösen möchten. Ihre Interaktion mit der Erde wird durch Menschen vollzogen, die sich als Kanal (Channel) zur Verfügung stellen. Es sind dies nicht immer bewusste Kanäle. Einige dieser Kanäle erhalten die Informationen auf der unbewussten Ebene. Auf ihrer Seelenebene jedoch, haben sie sich für diese Zusammenarbeit bereit erklärt. Es sind dies auch Menschen in hohen politischen und wirtschaftlichen Ämtern. Versteht die Plejadier als eure älteren Brüder und Schwestern, die ihre jüngeren Geschwister unterstützen und leiten.

Da ist noch das Sonnensystem von Reticuli. Dieses Sonnensystem ist intellektuell hoch entwickelt, doch ihre Wesen haben in ihrer Entwicklung versäumt, sich auch spirituell weiterzuentwickeln. Diese Wesen sind schon seit längerer Zeit mit der Erde in Kontakt. Sie kamen physisch auf die Erde mit ihren Schiffen. In euren geheimen

Archiven werdet ihr von ihren Spuren finden. Diese Archive werden geöffnet werden müssen, da der Übergang in die fünfte Dimension diese Manipulation der Menschheit nicht zulassen wird. Zum Teil wird euch diese Information etwas über den Raum offenbaren, nicht aber von den lichten Welten. Eine Zusammenarbeit mit den Wesen von Reticuli können wir euch nicht empfehlen. Sie dienen nicht dem Licht oder dem EINEN. Ihre spirituelle Entwicklung steht ihnen noch bevor.

Wir gehen weiter bei der Vorstellung euerer Nachbarn. Da wäre die Zivilisation von Spica. Dies sind erleuchtete Wesen, die euch in eurem evolutionären Fortschreiten durchaus behilflich sein können und werden. Sie sind sich der Nachbarschaft mit Terra bewusst und helfen euch, zusammen mit der galaktischen Föderation, an eurem Evolutionsplan, der Anhebung der Schwingung der Erde. Es sind äußerst friedvolle Wesen und sie befruchten die Föderation immer wieder mit ihrer Liebe und mit ihrer Herzensqualität.

Ein weiterer Nachbar ist die Zivilisation von Riegel. Auch sie gehören zu den lichten Welten und arbeiten am Evolutionsplan der Galaxis und des Universums. Seid bereit mit dieser Zivilisation Kontakt zu haben. Sie werden euch technisch unter die Arme greifen. Dadurch wird eure Raumfahrttechnologie große Fortschritte machen. Diese Fortschritte werdet ihr aber auch auf der

Erde anwenden können, zum Beispiel bei der Überwindung der Distanzen auf der Erde. Die Bewohner von Riegel sind zum Teil großartige Raumkommandanten. Ihr technisches Geschick ist sehr lobenswert. Eure zukünftige Zusammenarbeit wird euch also nur Gutes bringen.

Dann gibt es noch die Zivilisationen von Lyra. Auch sie sind eure Nachbarn und haben die Erde in eurer Urgeschichte mit ihrer Vielfalt befruchtet. Sie kennen die Erde und es liegt ihnen viel daran euch in eurer Evolutionsarbeit zu unterstützen. Es ist ihnen ein Anliegen, die Erde mit allem Musischen zu unterstützen, um den Menschen Freude zu bereiten. Einige eurer großen Komponisten und Künstler stammten ursprünglich von Lyra. Sie haben die Erde mit ihrer Kunst befruchtet und vielen Menschen große Freude bereitet. Das ist auch der Auftrag von Lyra für die Erde. Einige eurer jetzt lebenden Künstler werden von dieser Zivilisation inspiriert, zu eurem Vergnügen. Denn die jetzt bei euch beschleunigte Evolutionsphase ist keine ernste-, humor- und vergnügungslose Zeit. Im Gegenteil sollte diese Zeitspanne mit allen Sinnen gelebt werden. So könnt ihr auf wunderbare Weise diese neue Energie aufnehmen.

Wir haben euch einige eurer direkten Nachbarn vorgestellt, weil sie auch schon mit der Erde und den Menschen Kontakt hatten. Diese Nachbarn werden auch die ersten sein, mit denen ihr Kontakt haben werdet, wenn ihr in den Raum vorstoßt. Von diesen Nachbarn werdet ihr auch neue Technologien erhalten, die euch das ermöglichen werden.

Die ersten Kontakte werden euch durch sogenannte Channels (mediale Kanäle) ermöglicht. Je nach Bereitschaft der Erdenmenschen werden dann die ersten bewussten Kontakte stattfinden und der technologische Austausch beginnen. Dieser Austausch wird die Menschheit technologisch, aber auch spirituell, weit voranbringen. Diese neuen Technologien werden auch den Menschen auf der Erde viele Vorteile bringen und die Qualität eures Zusammenlebens fördern.

Mit den ersten Kontakten werdet ihr lernen, dass die Kräfte des Lichtes den Gesetzen des EINEN, des GANZEN, der QUELLE folgen, im universellen Evolutionsplan des Kosmos. Ihr werdet erkennen, wie die freien Welten des Lichtes zusammenarbeiten und einander fördern. Ihr werdet eure Spiritualität im Kosmos eingebettet wissen, mit Wurzeln auf der Erde. Der ganze Planet Erde wird zu eurer Heimat, zu eurer Basis, von wo aus ihr euch mit anderen Sternzivilisationen austauschen werdet.

Eure Nachbarn freuen sich sehr auf den Beitrag der Erdenmenschen, die ihre Fülle noch erweitern wird.

Das Licht, das jetzt auf die Erde kommt, beschleunigt eure Entwicklung drastisch, beeinflusst euren ganzen Körper und dringt tief in die Materie ein. Diese Beschleunigung der Energie katapultiert euch in die fünfte Dimension. Diese Dimension unterliegt anderen Paradigmen in allen Bereichen. Ihr werdet also diese neuen Gesetze schon während und nach der Transition kennenlernen müssen und lernen mit ihnen umzugehen. Ihr werdet erfreut sein, wie viel einfacher ihr nachher mit der Materie umgehen könnt und was für Perspektiven euch eröffnet werden. Vom heutigen Stand der Dinge erscheint euch das Vorstoßen in den Raum noch sehr utopisch. Das wird sich mit den neuen Möglichkeiten und Naturgesetzen ändern. Damit ihr nicht unvorbereitet ins Weltall reist, erhaltet ihr durch diese Texte Angaben, die euch behilflich sein werden. Eure Astronomen kennen die verschiedenen Gestirne, Sonnensysteme und Galaxien, die in eurer Nachbarschaft vorhanden sind. Sie kennen die Distanzen zu ihnen und untereinander, sie haben ihnen Namen gegeben und sie katalogisiert. Dies ist eine großartige Vorarbeit, die euch beim näheren Kennenlernen helfen wird. Dass es aber auf diesen verschiedenen Gestirnen und Galaxien Lebewesen gibt, ist ihnen unbekannt, denn sie betrachten diese Gestirne aus einer 3D- oder 4D-Perspektive. Aus dieser Sichtweise ist natürlich sehr selten ein Planet fähig, leben zu beherbergen. Mit der fünfdimensionalen Energie werden euch aber die Augen geöffnet werden und ihr werdet alle diese verschiedenen Zivilisationen erkennen. Es ist, wie wenn die Menschheit, bildlich gesprochen, auf einer dunklen Bühne stehen würde und auf einmal der Vorhang und das Licht angingen und sie mit einem großen und vielfältigen Publikum konfrontiert würden.

Diese Erkenntnis wird von den Erdbewohnern natürlich zuerst integriert werden müssen. Dann aber werden die ersten scheuen Kontakte stattfinden. Ein Abtasten einer neuen Realität.

Mit immensem Erstaunen werdet ihr merken, dass ihr eingebettet seid im Reigen eurer Sterngeschwister. Es sind buchstäblich eure Geschwister und wie man sich in einer Familie hilft und unterstützt, werden es auch eure Sternengeschwister tun. Ihr seid sozusagen der Benjamin der Familie und werdet alle erdenklichen Hilfen von euren Raumgeschwistern bekommen. Aber bedenkt immer, dass diese Hilfe in partnerschaftlicher Form geschehen wird. Euch wird zwar geholfen, aber ihr werdet von den Lichtgeschwistern nicht manipuliert werden. Ihr werdet in euren Entscheidungen immer frei bleiben und die Erde nach eurem Gutdünken gestalten. Eure Meinungsfreiheit ist noch relativ jung, wird sich aber in den kommenden Jahren stark verfestigen und euch das Selbstbewusstsein stärken. Je selbstbewusster ihr seid, desto besser werdet ihr eure Anliegen im Rate eurer Sternengeschwister einbringen können. Ihr seid bereits dabei, diesen Lernprozess zu bewältigen. Ihr braucht aber noch einige Jahre zur Verfestigung eurer Autorität. Eure Sterngeschwister werden euch in diesem Prozess unterstützen.

Bei all den Unruhen auf Terra wird sich eine Balance herauskristallisieren, die euch den Übertritt in die fünfte Dimension ermöglichen wird. Dieser Übergang wird euch neue Herausforderungen bescheren. Ihr werdet mit neuen Paradigmen in fast allen Bereichen konfrontiert. Es wird ein großes Umlernen stattfinden. Diese neuen Paradigmen werden euch aber viel besser unterstützen, als die alten es je konnten. Es wird euch wie eine Befreiung vorkommen. Jeder Mensch auf Erden wird sich dieser Herausforderung stellen müssen. Durch dieses neue Lernen wird in jedem auch die Bereitschaft entstehen, über eure Grenzen (Terra) hinaus zu wachsen. Es wird euch sogar ein Bedürfnis sein.

Die Leute, die von technischen Neuerungen unterrichtet werden, werden direkten Kontakt mit anderen Sternzivilisationen haben. Zu Beginn wird dieser Austausch auf der Erde stattfinden. Zu einem späteren Zeitpunkt werdet ihr die Erde verlassen und die technischen Anlagen bei euren Sternengeschwistern besuchen. Es wird dies nicht nur ein technologischer Austausch sein. Er wird sowohl spirituell als auch kommerziell sein. Es wird ein Austausch auf breiter Ebene stattfinden. Dies nicht nur von euren Nachbarn zur Erde, sondern auch von euch zu ihnen.

Um diese Aussage umzusetzen, müsst ihr vorerst den Dimensionswechsel vollziehen, denn wie bereits gesagt, werden sich in der fünften Dimension die Naturgesetze verändern. Mit diesen veränderten Gesetzen wird dieser Austausch vereinfacht.

Mit diesen neuen Technologien wird auch eure Wirtschaft blühen und den Menschen das Leben vereinfachen. Es werden also alle Menschen von diesem Aufschwung erfasst werden. Denn auch die ökonomischen Gesetze werden sich in der fünften Dimension verändert haben. Der Reichtum wird allen zufließen und nicht nur ein paar wenigen, wie ihr das jetzt kennt.

Mit Sorgfalt werden die Güter und Mittel verwaltet werden zum größten Nutzen für alle. Es werden bei euch neue Berufe entstehen, die die Mitarbeit und Verteilung untereinander fördern werden.

Am Anfang werden viele eurer Sterngeschwister auf der Erde anwesend sein, um euch in dieser neuen Dimension zu unterstützen und euch neue Technologien zu lehren. Sie kommen als Lehrer und werden auf keinen Fall in die Geschicke der Erde eingreifen. Sobald ihr gelernt habt, mit dieser neuen Dimension und den neuen

Technologien umzugehen, werden sie wieder auf ihr Heimatgestirn zurückkehren. Diese Hilfe wird dann auch den gegenseitigen Besuch antreiben, denn ihr werdet eure neuen Freunde besuchen wollen und euch weiterhin mit ihnen austauschen.

Zeiten umwälzender Erfahrungen stehen euch bevor. Diese Erfahrungen werden euch technologisch, gesellschaftlich und spirituell weiterbringen. Es ist ein Segen für die Menschheit und die Erde. Die Liebe zu euch selbst, zur Menschheit und zur Erde wird euch führen. Sie wird euer Leitmotiv sein und eure Taten tränken. Die Energie der fünften Dimension wird eure Unternehmen stützen. Eure Kreativität wird sich entfalten zum Wohle eurer selbst wie auch der Menschheit und der Erde.

Die Erde

Die Erde wird in nächster Zeit buchstäblich aus ihren Angeln gehoben. Dieser Prozess wird sich aber in kleinen Schritten vollziehen, damit für die Menschen nicht zu rigorose Erfahrungen entstehen. Ihre Inklination wird sich langsam verändern. Dies wird euch neue Ressourcen ermöglichen in Teilen der Erde, die für euch bisher unzugänglich waren. Andere Teile der Erde werden sich ausruhen und neue Energien integrieren können. Die Erde wird ihr Gesicht stark verändern und sich der fünfdimensionalen Energie anpassen. Durch diese Veränderungen und Umwälzungen wird sich die Menschheit der neuen Erde anpassen und gemeinsam den weiteren Evolutionsweg gehen.

Wie gesagt werden die Umwälzungen in kleinen Schritten vollzogen. Es wird also kein Armageddon-Szenario geben, das die ganze Erde auf einmal betrifft. Ihr wurdet auf eure jetzige Inkarnation vorbereitet und jeder Mensch ist Teil dieses großen Planes und hat seine diesbezügliche Verantwortung.

Nach unzähligen Veränderungen wird sich die Erde in ihrem neuen Gewand präsentieren und ihre Menschheit besser unterstützen können als bisher. Viele Menschen werden die Erde verlassen. Ihr Lebensweg wird erfüllt sein. Die restliche Menschheit wird beachtliche Aufbauarbeit leisten. Die neuen Paradigmen werden es erlauben, grundsätzlich neue Wohn- und Besitzverhältnisse aufzubauen im Rahmen einer weltweiten, sozialen Gesellschaft. Die bewusstseinsmäßige Entwicklung der Menschen wird einen Quantensprung vollführen und das Miteinander auf der Erde fördern.

Die Erde mit all ihren Schönheiten und ihrer Vielfalt wird die Menschen unterstützen. Nach vielen Transformationsprozessen werdet ihr bereit sein, euch im Bund der freien Welten des Lichtes einzubringen. Euer Beitrag wird von euren Sternengeschwistern sehr geschätzt werden, habt ihr doch die Erfahrung einer stark polaren drei- und vierdimensionalen Realität in eine fünfdimensionale Wirklichkeit erarbeitet. Dies ist eine Meisterprüfung, welche die Erde und die Menschen vollbringen.

Ich habe euch von der Erde erzählt, von ihrer Transformation und deren der Menschheit. Nun ist die Erde natürlich, wie ihr wisst, in einem größeren Ganzen eingebunden. Vorerst ist sie Teil eures Sonnensystems, dann eurer Galaxis und eurem Universum. Das sind viele Schichten, die ineinander verwoben sind, mit unterschiedlicher Funktion und Verantwortung. Wir werden jetzt näher an diese Themen heranrücken.

Da wäre zuerst euer Sonnensystem. Eure verschiedenen Planeten sind euch schon bekannt und wie ihr um eure Sonne kreist. Ihr seid daran, euer Sonnensystem näher kennenzulernen. Mit eurer heutigen Technologie tut ihr euch aber schwer, Informationen von euren direkten Nachbarn zu erhalten. Dies wird sich aber bald ändern. Von einer 3D- und 4D-Perspektive aus sind eure Nachbarplaneten unbewohnt. Ich sage euch aber, dass diese sehr wohl bevölkert sind von Wesen, die nicht so dicht in der Materie leben. Durch die Anhebung der Schwingung der Erde und ihrer Bewohner wird sich diese Diskrepanz langsam auflösen.

Tatsache ist, dass sich diese Wesen seit Äonen mit der Erde verbinden. Einige sind hier inkarniert, andere besuchen die Erde regelmäßig, aber natürlich in feinstofflicher Form und sind daher für eure Augen nicht sichtbar.

Die Konzentration auf eure Nachbarplaneten ist für euch überaus wichtig. Sie wird euch auch Rückschlüsse bezüglich der Erde und ihren Bewohner liefern. Manche Erdbewohner werden sich ihrer kosmischen Wurzeln erinnern und ihre Begrenzungen sprengen. Es ist vorerst eure Aufgabe und Arbeit, den unmittelbaren Raum um die Erde zu erforschen. Zu einem späteren Zeitpunkt, wenn ihr das nötige Know-how erarbeitet habt, werdet ihr auch direkt mit euren Nachbarn zusammenarbeiten im Verbund des Sonnensystems. Alle Planeten eures Sonnensystems sind in einem Rat zusammengeschlossen, der die Verantwortung des Sonnensystems gegenüber der Galaxis innehat. Eure Mitarbeit wird also diesen Rat vervollständigen und ihr werdet herzlich in seiner Runde Aufnahme finden.

Südseefischen, Hochgebirgstouren, Trekkings in der Wüste, alles Herausforderungen für Leute, die das Abenteuer suchen. Habt ihr auch schon an Raumeskapaden gedacht? Nein, denn dazu fehlt euch die Überwindung eures Gedankenspektrums. Die Sprengung eurer Begrenztheit wird euch Ideen bringen und Wünsche erfüllen, die außerhalb eurer heutigen Gedankenvorgänge sind. Habt den Mut in neuen Bahnen zu denken und euch von alten Strukturen zu lösen. Dies ist wahrscheinlich die größte Herausforderung, die euch bevorsteht. Neue Ideen werden vorerst Kopfschütteln erzeugen, aber allmählich wird der Fantasie freier Lauf gelassen werden. Eure größten Transformationen werden in euren Gedankenstrukturen geschehen. Sei es für gesellschaftliche, ökonomische und religiöse Belange. Die Zeit ist nun reif, euch in jeder Beziehung weiter zu entwickeln. Tatsachen, die den Raum betreffen, werden euch offenbart werden und ihr werdet sie annehmen können. Mehr noch, es wird euren Gesichtspunkt erweitern und euch erlauben, euch multidimensional einzusetzen. Eine Gabe oder Talent, dessen ihr schon immer mächtig wart, das aber noch unbewusst in euch schlummert.

Das Vorwärtsgehen in die fünfte Dimension wird vieles beschleunigen und vereinfachen. Die Sprengung eurer begrenzenden Gedanken jedoch, ist ein Unterfangen, das jeder Mensch alleine bewerkstelligen muss. Die neue beschleunigte Energie wird euch aber unterstützen. Die Evolution arbeitet immer für den Menschen, nie gegen ihn.

Mit allen Vorkommnissen, mit denen ihr konfrontiert werdet, werdet ihr schrittweise in diese neue Zeitenergie hineinwachsen. Ihr werdet viel Neues lernen müssen und euch von Altem verabschieden. Die beschleunigte Energie wird euch dabei helfen, kreative Ideen für Problemlösungen zu finden. Ihr werdet über eure Begrenzungen hinauswachsen und so bewusster Teil dieses Multiversums werden. Dies ist die Krönung der Menschheit auf Erden. Eure Herzensqualität wird eure Tätigkeiten und Pläne prägen. Es wird ein partnerschaftliches Miteinander mit der Erde und ihren Bewohnern erarbeitet und das wird euch ins goldene Zeitalter führen, das von euren alten Schriften prophezeit wurde.

Die Reinigung der Erde und ihrer Bewohner wird sich auszahlen und ihr werdet ernten, was ihr gesät habt. Die neue Erde wird als Lichtbringer euer Sonnensystem und eure Galaxis aufwerten. Seid euch also eurer wichtigen Teilnahme an diesem Prozess bewusst und übernehmt eure zugeteilte Verantwortung. Diese Verantwortung liegt dort, wo ihr seid, in eurem Umfeld, mit euren Lieben.

Durch die Veränderungen und Transformationen, mit denen ihr zu kämpfen habt, kommt ihr immer mehr zu euch selbst, zu eurem Wahren Ich. Zur Anbindung an eure Seele. Diese Lernprozesse habt ihr euch für diese Inkarnation ausgesucht, um euch selbst und der Erde, mit der ihr durch viele Leben verbunden seid, näher zu kommen. Es war die Liebe zur Erde, die euch zu diesem Schritt bewegte. Eine Erde, die ihr in eine höhere Schwingungsoktave heben wolltet, in Zusammenarbeit mit den anderen Lichtarbeitern. Dieser Prozess begann vor tausenden von Jahren und wird jetzt erfüllt. Euer Durchhaltewillen wird belohnt werden. Diese Belohnung wird in eurer Seele eingraviert sein. Eine großartige Erfahrung reifer Seelen! Ihr habt eure Aufgabe trotz widriger Umstände erfolgreich ausgeführt. Wir, eure Sterngeschwister, danken euch dafür.

Die Erde wird ihre Umlaufbahn um die Sonne zwar nicht verändern, aber sie wird eine neue Qualität aufweisen. Eine Energie der fünfdimensionalen Qualität, die ihr den bewussten Zusammenschluss mit dem Rat des Sonnensystems erlaubt und mit dem sie auch am Evolutionsplan der Galaxis und des Universums teilhaben kann. Die Erde und ihre Bewohner sind sozusagen mündig geworden. Das ist doch ein sehr glücklicher Umstand, der zum Feiern Anlass geben wird.

Die Dunkelmächte werden von der Erde weichen und ihre Szenarien auf anderen dreidimensionalen polaren Gestirnen ausleben. Die lichtvolle Ausrichtung der Erde wird dem Bösen keine Chance mehr gewähren.

Die Erde wird definitiv in den Bund der lichtvollen, freien Welten aufgenommen. Ihr Beitrag und ihre Erfahrung wird hoch geschätzt werden.

Der Rat des Sonnensystems

Wie bei euch auf der Erde die Vereinten Nationen zusammengesetzt sind, gibt es auch für das Sonnensystem, dessen Teil ihr seid, einen ähnlichen Rat oder eine Vereinigung, die sich um die Belange dieses Systems kümmert. Jeder Planet sendet eine Delegation von Vertretern in diesen Rat. Diese Delegation wird von unterschiedlichen Spezialisten zusammengesetzt, alles gute Kenner ihres Planeten und ihrer Bevölkerung. Diese Spezialisten werden nicht nur nach ihren Fähigkeiten ausgesucht, sondern sie müssen auch einen überdurchschnittlichen Bewussteinsgrad ausweisen. Sie sind Meister auf ihrer Ebene. Ihr Auftrag ist die Schwingungsoktave des Sonnensystems zu beschleunigen oder zu heben, um immer besser am Evolutionsplan der Galaxis und des Universums mitarbeiten zu können. Der Rat des Sonnensystems war sehr bemüht, die Schwingung der Erde zu erhöhen. Die Erde und ihre Bewohner verdanken ihm großen Einsatz und Unterstützung. Bald werden auch Vertreter der Erde diesem Rat beitreten und die Geschicke des Sonnensystems mitgestalten. Der Rat des Sonnensystems arbeitete bis anhin ausschließlich mit den Meistern der geistigen Hierarchie der Erde, denn diese kennen die Anliegen des Planeten und ihrer Bewohner gut und können so, durch ihre geistige Strahlung, die nötigen Informationen auf den Planeten senden. Die Bewohner der Erde hatten und haben immer die freie Wahl, diese lichtvolle Energie zu integrieren oder abzulehnen. Die Erhöhung der Schwingung eines Planeten muss mit der Einwilligung seiner Bewohner geschehen. Niemals gegen sie. Dies ist ein kosmisches Gesetz, das rigoros eingehalten wird.

Die Schwingungen der Planeten des Sonnensystems sind verschieden. Demzufolge muss für eine Zusammenarbeit der verschiedenen Delegationen ein Schwingungskonsens gefunden werden. Da die Mitglieder der Delegationen aus spirituellen Meistern ihrer Ebene zusammengesetzt sind, verbinden sie sich auf einer Herzfrequenz, die ihnen die Kommunikation untereinander gestattet. So wie beim Channelling dieses Berichtes, arbeiten auch sie von der Herzebene aus. Es ist eine Liebesfrequenz!

Zur Teilnahme an diesem Rat muss keine physische Präsenz notwendig sein. Ihr könnt dies vergleichen mit einem Konferenzgespräch, wie es in euren Unternehmen üblich ist. Dort können sich auch Leute aus verschiedenen Kontinenten gleichzeitig miteinander über Telefon oder Television unterhalten.

Die Kommunikation ist das tragende Element jeder Zusammenarbeit. Dies muss sich natürlich nicht immer verbal abspielen. Es gibt ganz andere, unterschiedliche Werkzeuge der Kommunikation. Beispielsweise die Angleichung der Energie, die ein energetisches Fließen möglich macht, das Sich-Miteinander-Austauschen auf der Tonebene, bis eine Harmonie entsteht und weiter ausgebaut werden kann. Die Bewegungen der physischen Körper zum harmonischen Tanz. Der körperliche Ausdruck, die Gebärden, die unmissverständlich die Kommunikation untermauern.

Von je her wurde die Kommunikation mit Lauten ausgedrückt. Auf einer höheren Ebene jedoch wird sich der Austausch auch auf der Gedankenebene abspielen. Es ist ein telepathischer Austausch, der den Vorteil hat, dass die Sprachbegrenzungen automatisch überwunden werden. Es braucht dazu keine Übersetzer! Jeder Teilnehmer dieses Austausches denkt in seiner persönlichen eigenen Form und kann sich so direkt mitteilen. Je höher der Bewusstseinsgrad eines Wesens ist, je kontrollierter und präziser werden seine Gedankengänge sein. Er schafft so auch die nötige Leere, damit er die Mitteilungen der anderen Wesen aufnehmen kann.

Mannigfaltige Zeichen eines Gestirns sprechen für sich. Jedes Gestirn hat auch einen feinstofflichen Körper, der sehr genau Aufschluss gibt, in welcher Verfassung er ist.

Auf diese Art und Weise konnte der Rat des Sonnensystems immer sehen, wie es der Erde und ihren Bewohner geht und in welchen Regionen Probleme liegen. Dies ist auch der Hinweis, welcher der Rat erhalten wird, wenn die Erde und ihre Bewohner ihre Meisterschaft erlangt haben. Das heißt, ihr werdet zur gegebenen Zeit kontaktiert und eingeladen werden, um in diesem Rat zu partizipieren. Momentan braucht ihr euch aber nur auf euch selber zu konzentrieren.

Viele Hinweise werden euch den Weg in die nächsthöhere Schwingungsoktave zeigen. Die Menschen erhalten die Signale des Rates und der Meister der geistigen Hierarchie und sind dabei, ihre negativen Anteile zu transformieren. Der Einsatz eines jeden Menschen wird die Meisterschaft des ganzen Planeten erlauben. Nach und nach wird sich das Negative auflösen und dem Licht mehr Raum gewähren. Die vielen Schichten eurer Seelenanteile werden durchgekämmt, aussortiert und transformiert werden. Die jetzt schon hohe Schwingung erlaubt es nicht mehr, negative Anteile zu verstecken oder zu ignorieren. Mit den wachsenden Lichtkräften wird das Dunkle auf der Erde beleuchtet und eliminiert werden.

Die vielen verschiedenen Kommunikationsarten ergeben die Vielfalt des Ausdrucks der Bewohner der Gestirne des Sonnensystems. Diese unzähligen Facetten sind das Resultat einer langen Zusammenarbeit. Der Rat des Sonnensystems gibt wiederum seine gewonnenen Eindrücke weiter in den galaktischen Rat der Milchstraße, zu dem ihr gehört. Dieses Gremium ist seinerseits aus den Räten der verschiedenen Sonnensystemen der Zone eurer (Milchstraße) Galaxis zusammengesetzt.

Der Rat der Galaxis

Euer Sonnensystem ist, wie ihr wisst, Teil der Milchstraße (Galaxis). Es ist eine große Galaxis, die tausende von Sonnensystemen beherbergt. Der Rat der Galaxis ist zusammengesetzt aus Mitgliedern der Räte der Galaxis-Zonen. Ein Verbund von verschiedenen Sonnensystemen stellt diese Zonen. Es ist dies immer ein Verbund von Sonnensystemen, die eine ähnliche Provenienz und ähnliche Bedürfnisse haben. Sie stammen immer vom gleichen Sektor der Galaxis. Euer Sektor ist am Rande der Milchstraße beheimatet und hat deswegen andere Bedürfnisse als Zonen, die in der Mitte sind. Es ist für den Rat der Galaxis nicht einfach, alle Bedürfnisse der jeweiligen Zonen unter einen Hut zu bringen. Der Evolutionsplan der Galaxis ist oberstes Gebot für alle Sektoren und wird von jedem Zonenrat gemäß seinem Bewusstseinsgrad angenommen und umgesetzt. Wie Brüder und Schwestern sich untereinander beistehen, so geschieht dies auch bei den bewusstseinsmäßig verschiedenen Räten. Je bewusster ein Rat ist, je größer ist seine Verantwortung für das Ganze. Es ist eine Verantwortungshierarchie und hat nicht mit Macht zu tun, wie ihr das bei euch kennt.

Der Rat der Galaxis ist mit hoch entwickelten Vertretern der verschiedenen Sektoren bestückt. Diese Wesen sind zum Teil nicht mehr in physischer Form präsent. Sie sind reine Lichtenergie. Ihr Einfluss in diesem Rat ist von höchster Qualität und gibt ihm diese einzigartige göttliche Schwingung. Der Rat der Galaxis ist bestens orientiert über die Sektoren und die Räte der Sonnensysteme und ihrer Planeten. Er gibt dem ganzen System den Lichtimpuls mit den dazugehörenden Transformationen, die zum Evolutionsplan der Galaxis und ihrer verschiedenen Bewohner gehören. Er ist sozusagen die höchste Instanz, die bis zur Basis durchdringen kann. Sie sind die Hüter der Schwelle und der in dieser Galaxis herrschenden Gesetze.

Die Arbeit, die sie vollbringen, sprengt das Bewusstsein eines Planetenbewohners. Vertrauen in ihren Auftrag, ihr Licht und ihre Liebe wird euch dabei helfen. Die Leitlinien und Gesetze der verschiedenen Galaxien wurden vor Äonen vom obersten Rat des Universums ausgearbeitet. Jede Galaxis hat ihre Ton- und Farbqualität, ihre ganz eigene Frequenz. Alle verschiedenen Galaxien verbinden sich zu einer Ton-Harmonie. Zum universellen Laut oder Ton, der das ganze Universum durchdringt bis in die tiefste Materie. Die Schwingung dieses Tones ist der Motor, die Antriebskraft des ganzen Universums. Fortgeschrittene Meditierende können ihn wahrnehmen. Das Hören dieses Tones bringt euch Ekstase und Verzückung.

Die vielen verschiedenen Räte wachen über ihre Zonen und Sektoren, um dem Ganzen zu helfen und den Evolutionsplan zu befolgen. Jeder einzelne Bewohner unterliegt deren Gesetzen und Verantwortung und erhält auch die entsprechende Förderung in seinem ganz privaten Evolutionsplan. Die Belange jedes Einzelnen werden respektiert und er erhält jede Hilfe die er braucht, um sich weiter zu entwickeln.

In diesem großartigen Zusammenspiel ist die Liebe zur ganzen Schöpfung die Quintessenz. Eine Energie, die alles mikro- und makrokosmisch zusammenhält und befruchtet.

Diese Liebesenergie werdet ihr auf Erden noch näher kennenlernen und ausbauen. Die Geschicke der Erde werden mit dieser Energie revolutioniert werden und ihr so den gebührenden Platz im Sonnensystem schaffen. Die Ausdehnung dieser Liebesqualität hat mit der Erhöhung des Bewusstseins auf einem Gestirn zu tun. Je höher die Schwingung ist, umso höher wird der Bewusstseinsgrad und die Liebesqualität seiner Bewohner sein. Die Liebesqualität hat also mit Entwicklung zu tun. Je mehr Seelenanteile in einem Wesen integriert sind, je höher wird seine Liebesenergie. Das Wort Entwicklung schildert diesen Prozess sehr genau. Es ist eine Befreiung vom Kokon-Zustand. Der Kokon-Zustand ist mit einem Gefängnis vergleichbar, denn er verhindert Ausdehnung und Übersicht. Eine Ent-Wicklung aus diesem Zustand gleicht einer Neu- oder Wiedergeburt in eine andere Dimension.

Die verschiedenen Sternenkonstellationen haben auch alle ihre ganz spezifische Qualität und Energie. Das ergibt von einer höheren Perspektive betrachtet ein wunderbar facettenreiches Gebilde. Diese Vielfalt ist der Ausdruck unseres Schöpfers, unserer Quelle, dem EINEN. Die Mannigfaltigkeit ergibt eine Auswahl von verschiedenen Energien und Qualitäten. Ein Spiel mit kosmischen Ausmaßen. Ein Reigen der ineinander tanzenden und verflochtenen Elemente zum Genuss aller Beteiligten. Eine ekstatische, kosmische Sinfonie der Töne.

Mit allen Farben und Tendenzen wird ein Wechselspiel erzeugt, das dem Puls des Universums folgt. Der kosmische Herzschlag, der das Universum lebendig hält. Mit Sorgfalt und Pflichtgefühl steuern die Räte der verschiedenen Gremien die Geschicke des Universums zum Lobe unseres Schöpfers. Die Liebe ist die Kraft, die alle Ebenen zusammenhält und die Umsetzung des Evolutionsplanes möglich macht. Das Licht und die Liebe sind ein und dasselbe. Sie nähren uns, damit wir kraftvoll weitergehen können.

Mit aller vorhandenen Kraft kann das Dunkle in diesem Spiel nicht siegen, denn wäre die Liebe nicht, würde sich das Universum auflösen. Die Liebe und das Licht sind die Bausteine des Universums.

Mit allen Veränderungen, die die Erde in dieser Zeit durchmacht, werden ihre Bewohner in den Genuss eines gereinigten Planeten kommen. Diese Reinigung betrifft die grobstoffliche wie auch die feinstoffliche Struktur und wird der Erde die Wiedergeburt in eine höhere Daseinsoktave ermöglichen. Je höher der Planet schwingt, umso lichtvoller wird er, die Dunkelmächte halten diese Energie nicht mehr aus und werden sozusagen wegzentrifugiert. Das Beispiel der Erde kann auch für andere Planeten in dieser Dichte gelten.

Euer Verständnis für die kosmische Ordnung und Evolution wird euch helfen, die Gegebenheiten auf der Erde besser zu verstehen, um alles in einem größeren Kontext zu sehen.

Die Zyklen der Evolution sind im Vergleich zu einem Menschenleben außerordentlich lang. Auch eure Geschichte ist nicht in der Lage, wirklich größere Zeitspannen zu dokumentieren. Aus eurer beschränkten Sicht und Wahrnehmung könnt ihr nur Vertrauen in eine höhere kosmische Ordnung entwickeln. Über viele Jahrtausende wurdet ihr durch eure alten Schriften darauf aufmerksam gemacht. Das Wissen über diese kosmischen

Zusammenhänge wird euch jetzt nach und nach offenbart.

Eure Wissenschaft bemüht sich sehr, zu verstehen und die Forschung auf diesem Gebiet wird Quantensprünge machen.

Mit aller Kraft sind die beteiligten Gestirne dabei, den Evolutionsplan des Ganzen zu unterstützen und zu tragen. Dies ergibt die Harmonie der verschiedenen Welten. Manch Erdenbewohner mag diesem kosmischen Spiel skeptisch gegenüberstehen. Die Erhöhung der Energie auf Erden wird aber immer mehr Klarheit schaffen und die großen Zusammenhänge offenbaren, und zwar für jeden Menschen ungeachtet seiner kulturellen, religiösen oder mentalen Zugehörigkeit. Die Entfaltung der DNS bei den Erdbewohnern wird komplexe Themen vereinfachen und verständlich machen. Die Evolution ist ein ganzheitlicher Prozess mit Einbezug all eurer Fähigkeiten sowohl mentaler als auch sinnlicher Art. In ein paar Jahren werdet ihr kaum glauben können, wie »rückständig« ihr zu Beginn des neuen Jahrtausends noch wart.

Durch die Entfaltung eurer DNS werden sich Fortschritte und eure neuen Fähigkeiten ganz automatisch ergeben. Viele Bemühungen werden sich auflösen und einer unerschöpflichen Kreativität Platz machen. Die Wiedergeburt der Erde in die neue Schwingungsoktave ist ein Neubeginn für die Menschen, um weiterhin den Plan des Ganzen besser zu befolgen. Mit großem Respekt wird jeder einzelne Mensch die neuen Gesetze befolgen, da sie im Einklang mit dem großen Ganzen sind. Eine neue Hochkultur wird geboren – die neuen Götter der Erde. Mit Engagement und Mut werden soziale Unzulänglichkeiten behoben und ausgeglichen werden. Das »Miteinander« wird der Tenor dieser neuen Ära sein.

Mit allen Mitteln werden die Dunkelmächte versuchen, die Evolutionsspirale zu bremsen und zu verhindern. In eurer ganzen Geschichte aber hat das Licht und die Evolution immer gesiegt. Vertraut dem kosmischen Plan und lasst euch von den Scharmützeln der Dunklen nicht verängstigen. Deren Überleben ist von kurzer Dauer. Deshalb kämpfen sie noch bis zum Schluss mit größter Unerbittlichkeit. Das Licht aber wird siegen und bis in die dunkelsten Winkel der Erde durchdringen, zum Wohle aller Menschen und der Erde. Haltet euer Licht und gebt ihm seinen Platz, wo auch immer ihr seid und was auch immer ihr tut.

Woher kommen wir – wohin gehen wir

Dies ist eine der fundamentalsten Fragen der Menschen. Eure Geschichtsschreibung gibt euch nur einen winzigen Blick in eure Vergangenheit. Eure Vergangenheit jedoch zählte schon viele Hochkulturen vor eurer bewussten Geschichtsschreibung. Von diesen Hochkulturen habt ihr fast keine Überreste. Die Erde ihrerseits hat sich in ihrer Vergangenheit sehr verändert und so konnten Beweise dieser Hochkulturen nicht überleben. In eurer DNS aber sind all eure Erfahrungen von unzähligen Menschenleben hier auf Erden gespeichert, sowie auch eure Erfahrungen im Weltraum. Die DNS ist eure ganz persönliche Bibliothek, euer Erfahrungsschatz und euer Potenzial ist darin gespeichert.

Mit der Erreichung der neuen Schwingungsoktave wird sich eure DNS entfalten können und ihr werdet somit Zugang zu all euren Talenten bekommen. Ihr werdet wieder die multidimensionalen Wesen werden, die ihr eigentlich schon seid. Der Schleier, der euch davon entfernte, wird sich jetzt nach und nach lüften.

Bei den vielen Sachverhalten, mit denen ihr euch herumschlagen müsst, vergesst nie, dass ihr multidimensionale Wesen seid, und versucht Lösungen zu suchen, die ein breites Spektrum abdecken. Das ist anfänglich noch ein Novum und braucht noch etwas Übung. Bald aber werdet ihr die Konsequenzen eurer Entschlüsse vor Augen haben und froh sein, dass ihr die Multidimensionalität berücksichtigt habt.

Auf alle Fälle wird euch eure neu entdeckte Sensitivität helfen, den Sachverhalten tiefer auf die Spur zu kommen und Korrekturen entsprechend anzubringen. Sensitivität wird nicht mehr das Privileg einiger Wenigen, sondern breit gestreut in der Population vorhanden sein. Natürlich werden sich einige dagegen wehren und den beschränkt linearen, rationalen Weg verfolgen. Nach dem Übertritt in die fünfte Dimension aber werden auch sie sich daran gewöhnen müssen, dass das Lineare abgelöst wird. Beginnt also bereits jetzt mit der Entdeckung eurer Sensitivität. Sie wird euch eine große Hilfe im Alltag sein. Großartige Errungenschaften werden ihr zugeschrieben werden können. Euer Sozialleben wird davon geprägt sein. Diese Gabe oder dieses Talent ist Teil eines jeden Menschen. Bei den einen ist es stärker entwickelt als bei anderen. Dieses Talent kann wie so viele andere geschult werden, damit es besser im Alltag eingesetzt werden kann. Die Basis dieses Talentes ist aber das Vertrauen in euch selbst, in eure innere Stimme. Um dieses Vertrauen aufzubauen braucht jeder Rückmeldungen seiner Sensitivität, damit er mit der Zeit diesem Talent voll vertrauen kann. Ihr braucht bei all euren Talenten Rückmeldungen, damit ihr sie sicherer ausüben könnt. Es ist wie bei allen Sachen: Übung macht den Meister. Braucht eure Sensitivität am Anfang für kleinere Alltäglichkeiten, dann könnt ihr euch komplexeren Sachverhalten annehmen. Es ist wie bei jedem Talent. Der Architekt fängt auch nicht mit dem Bau einer Kathedrale an, sondern er wird sein Talent zuerst an kleinen Objekten proben. Wenn ihr Schritt für Schritt vorgeht, könnt ihr euch das nötige Vertrauen aufbauen. Meisterschaft erlangt man erst später!

Mit der Anhebung der Schwingungsfrequenz auf der Erde wird es viele Veränderungen geben, sowohl physisch wie psychisch. Gewisse Strukturen können mit der neuen Schwingungsoktave nicht mehr aufrechterhalten werden. Da jeder Mensch selber diese Frequenzerhöhung spürt, werden sich viele Veränderungen wie von selbst ergeben. Hingabe an diese neue Frequenz wird euch in diesen Zeiten der starken Veränderungen helfen. Sich mit allen Mitteln gegen diese Veränderungen zu wehren, um den Status quo beizubehalten, wird euch nicht gelingen, im Gegenteil, es würde eine leidvolle Erfahrung. Seid also guten Mutes und akzeptiert diese Frequenzwelle. Sie wird euch dorthin führen, wo ihr hinmüsst. Mit vielen kleineren und größeren Erfahrungen werdet ihr auf dieser Energiewelle in die fünfte Dimension reiten. Eine

Dimension, die euch zu Beginn stark herausfordern wird. Die Veränderungen, die sich zur Zeit ereignen, bereiten euch auf diese neue Dimension vor. Es ist bildlich gesprochen wie wenn ihr euch aus einem engen Schlauch befreien würdet! Wenn ihr die vielen Anpassungen und Veränderungen in diesem Zusammenhang seht, wird euch die Kraft und Zuversicht gegeben, euren Weg unbeirrt weiterzugehen.

Dank der Entfaltung eurer DNS werdet ihr erkennen, von wo ihr herkommt und warum ihr auf der Erde inkarnieren wolltet. Diese Transition ist der Schlüssel, der Grund, warum ihr jetzt diesem Evolutionssprung beiwohnen wolltet. Dies ist eine großartige Erfahrung für eine Seele.

Viel Sonnenschein und Freude wird in euer Leben treten. Das Leben hier auf Erden wird sich einfacher gestalten. Der Kampf um die Existenz, ums Überleben, wird verschwinden. Dadurch werden die Menschen viel gelassener werden und sich freuen, auf der Erde inkarniert zu sein. Gewalttaten und Kriege werden keine Nahrung mehr erhalten. Die Geschichte der Erde wird eine ganz neue Perspektive erhalten. Die ganze Energie, die für eure Verteidigung und für Kriege gebraucht wurde, kann nun friedlichen Zwecken zugeführt werden. Eine riesige Expansion eurer Kreativität wird stattfinden und so euer Dasein auf der Erde neu gestalten. Die ganze

Erfahrung all eurer Inkarnationen wird euch voll zur Verfügung stehen. Dieses Potenzial wird zu einer Wiedergeburt der Menschheit auf diesem Planeten führen. Das »wohin gehen wir« werdet ihr klar dem kosmischen Evolutionsplan unterstellen, weil ihr gelernt und euch entschieden habt, mit den Kräften des Lichtes weiterzugehen. Geborgen im Verbund der freien Welten des Lichtes werdet ihr zusammen weiterschreiten.

Die restliche Zeit vor dem Dimensionswechsel wird von euch noch viel abverlangen. Der Diamant, der ihr seid, wird dadurch noch einige neue Schliffe erhalten. Mit immensem Respekt verfolgen wir eure Bemühungen und stehen euch bei. Die Himmelswesen frohlocken, denn bald werden wir gemeinsam den Tanz beginnen bis in alle Ewigkeit. So sei es.

Die Interaktion des Rates eures Sonnensystems mit der Erde

Der Rat eures Sonnensystems hatte schon immer Kontakt zur Erde. Dieser Kontakt hat sich meistens durch eure Avatare, eure heiligen Menschen, manifestiert. Die geistige Hierarchie der Erde arbeitet mit dem Rat des Sonnensystems zusammen, zum Wohle der Erde und ihrer Menschen und zum Wohle des Sonnensystems. Eure geistige Hierarchie ist zum Teil aus aufgestiegenen Meistern zusammengesetzt, die wegen ihren Erdeninkarnationen diesen Planeten sehr gut kennen. Jeder Meister ist verantwortlich für ein Spezialgebiet, kann aber auch übergreifend an verschiedenen Themen arbeiten. Das oberste Gesetz der Erde ist der freie Wille. Aus diesem Grunde können die Meister der geistigen Hierarchie und der Rat des Sonnensystems nur eingreifen, wenn sie darum gebeten werden, denn sie müssen den Lernprozess der Menschen respektieren. Ihre Arbeit ist reine bedingungslose Liebe, gepaart mit einem tiefen Mitgefühl für die Menschen. Seit langer Zeit bereiten euch eure Meister auf den Aufstieg der Erde in die fünfte Dimension vor. Mit unzähligen Kontakten und der daraus resultierenden Schriften wurdet ihr auf diese Energiebeschleunigung vorbereitet. Denn auch wenn sich der Planet Erde in die nächste Oktave begibt, so möchte er doch seine Bewohner so behutsam wie möglich an dieser Transition teilnehmen lassen. Die Erde ist eine mütterliche Wesenheit, die ihre Menschen liebt, sie unterstützt und fördert.

Der Rat des Sonnensystems befasst sich um die Belange desselben. Die Planeten haben alle ihre eigene geistige Hierarchie, die sich hauptsächlich um ihren eigenen Planeten kümmert, aber dennoch mit dem Rat des Sonnensystems zusammenarbeitet. Diese Zusammenarbeit ergibt dann diese einmalige Schwingung oder Harmonie, die ein Sonnensystem innehat. Der Rat des Sonnensystems wiederum fokussiert auch auf die Gegebenheiten der galaktischen Zone.

In der heutigen Zeit sind immer mehr Menschen inkarniert, die direkten Kontakt zur geistigen Hierarchie haben. Sie sind sozusagen »Bodenpersonal«. Ihr nennt sie auch Lichtarbeiter, denn sie widmen ihr Leben auf der Erde der Ausbreitung des Lichtes. Wo auch immer der Lichtarbeiter eingesetzt ist, arbeitet er am kosmischen Evolutionsplan.

Die Sonnenemanationen sind ein großer Teil der Kommunikation innerhalb des Sonnensystems. Die Sonne ist der energetische Motor jedes Sonnensystems und beeinflusst die Schwingung innerhalb dieses Systems.

Wenn also im Evolutionsplan eine Erhöhung der Schwingungsoktave vorgesehen ist, so betrifft das alle Planeten dieses Systems. Mit anderen Worten ist nicht nur die Erde von dieser Schwingungserhöhung betroffen. Jedes Gestirn ist Teil dieses Evolutionssprungs und hat diesbezügliche Veränderungen und Transformationen durchzustehen. Der Rat eures Sonnensystems, sowie alle Meister der geistigen Hierarchie der jeweiligen Planeten sind zur Zeit stark gefordert. Der galaktische Sektor in welchem das Sonnensystem eingebettet ist, ist die schwingungsmäßige Richtlinie. Wir sind alle miteinander verbunden in dieser kosmischen Interaktion. Eure Sonne wird von eurer Zentralsonne und sie wiederum vom galaktischen Zentrum genährt. Es ist eine informative Kettenreaktion bis in die tiefsten Regionen der Galaxis.

Mit vielen Lichtimpulsen, die weit in die Galaxis scheinen, geben die Sonnen ihre Informationen weiter. Es ist pure Lichtenergie, die die Materie durchdringt. Es sind Informationswellen, die so weitergegeben werden. Keine physische Struktur wird von ihr verschont. Eure alten Zivilisationen hatten das mit ihrem Sonnenkult erkannt. Sie wussten, dass von der Sonne mehr freigegeben wird als Licht und Wärme. Sie erkannten, dass die Sonne die Verbindung zum Kosmos darstellt, zu einem größeren Ganzen, in das sie eingebettet ist. In der heutigen Zeit wird die Sonne von euren Wissenschaftlern erforscht und doch wissen sie noch sehr wenig über ihre Aktivität. Die gewaltigen Sonnenemanationen der kommenden Zeit werden eure Wissenschaftler verblüffen. Nach und nach werden sie die Lichtinformationen erkennen und daraus Wesentliches für die Bewohner der Erde entschlüsseln können. Die beschleunigte Energiewelle, die die Erde momentan erfasst, hat hauptsächlich mit eurer Sonne zu tun. Sie führt euch und die Erde in die fünfte Dimension.

Mit tiefem Vertrauen in den Evolutionsplan werden die Erde und ihre Bewohner diese solare Meisterschaft erringen. Die künftigen Generationen auf der Erde werden von den heutigen Menschen voller Bewunderung erzählen.

Die seit Jahren beschleunigte Aktivität der Sonne wird auf der Erde bedeutende Veränderungen hervorrufen. Die Erde wird aus ihrem Kokon-Stadium heraustreten und größere Leuchtkraft entwickeln. Die Transformation der Erde hat einen Einfluss auf ihre Bewohner. Auch sie werden großen Veränderungen sowohl privater wie auch globaler Natur ausgesetzt. Für die einen werden sich diese Veränderungen leichter, für die anderen schwieriger gestalten. Es wird dadurch eine globale Solidarität entstehen, die die Menschheit näher zusammenrücken lässt. Eine breite Welle des Mitgefühls wird die Erde umfassen. Dieses Mitgefühl und diese Solidarität werden eine noch nie da gewesene Energie schaffen. Eine großartige Liebesenergie, die den Eintritt in die fünfte Dimension begünstigt. Viele alte Strukturen werden losgelassen werden müssen, denn der neue Mensch braucht veränderte Lebensbedingungen. Strukturveränderungen brauchten in der Vergangenheit viel Zeit. In der heutigen Zeit werdet ihr jedoch feststellen, dass gewisse Transformationen sehr, sehr schnell vollzogen werden, da die Bereitschaft aller Menschen, durch die solare Aktivierung global vollzogen wird. Der Rat des Sonnensystems und eure eigene geistige Hierarchie stehen euch unterstützend bei. Es handelt sich um eine großartige Entwicklung der Erde und seiner Bewohner.

Gewaltige Sonneneruptionen zeigen eine Beschleunigung der Energie in diesem Sektor an. Eure Sonne ist nicht die Einzige, die zum momentanen Zeitpunkt vermehrt Aktivität aufweist. An dieser Aktivierung sind auch einige andere Sonnen beteiligt und es besteht eine energetische Interaktion zwischen den Sonnen. Alles ist mit allem verbunden! Wenn sich also die Energie irgendwo beschleunigt, so hat das Resonanz in der ganzen Nachbarschaft bis in das kleinste Atom. Eure Wissenschaftler fangen langsam an, tiefer ins All vorzustoßen und die Gesetzmäßigkeiten zu verstehen. Mit tiefem Respekt werdet ihr teilhaben und teilnehmen an diesem Evolutionssprung, der sich momentan in eurem Sektor abspielt. Es ist ein Wendepunkt in eine neue Zeit mit veränderten Paradigmen. Es ist eine große Herausforderung für die Bewohner der Erde, aber auch eine

Chance, das Leben auf der Erde neu strukturieren zu können und euch von altem Ballast zu befreien. All eure Talente sind in dieser wichtigen Zeit gefragt, um das Leben auf der Erde neu zu definieren. Die beschleunigte Energie wird den Menschen zu einem multidimensionalen Wesen entwickeln. Ihr werdet dadurch auf Schätze (Talente) in euch selbst stoßen, die ihr für unmöglich hieltet. Habt Vertrauen in diesen Evolutionsprozess und beginnt, euch zu entdecken. Die Hilfe der geistigen Hierarchie, des Ashtar Kommando und von euren Engeln und Erzengeln ist euch gewiss. »Bittet und es wird euch gegeben«, heißt es in euren heiligen Schriften. Wir können nur helfen, wenn wir darum gebeten werden, denn die Erde befindet sich in einer Zone des freien Willens.

Ihr seht, die Verantwortung für eure Zukunft liegt bei euch. Ihr werdet immer mehr Klarheit erhalten und die dubiosen Machenschaften der dunklen Mächte durchschauen. So werdet ihr in der Lage sein, alte Konzepte mit neuen, zukunftsweisenden zu ersetzen. Die Menschheit ist jetzt reif, diesen Evolutionssprung zu begehen und die Macht des Lichtes zu ergreifen.

Der ganze Kosmos mit all seinen Universen ist im Begriff, einen Quantensprung zu machen und diese Resonanz geht tief in jedes Sonnensystem hinein bis zu jedem Gestirn. Es handelt sich um eine energetische Ausweitung der verschiedenen Universen. Der Kosmos ist ein lebendiges Ganzes, das periodisch Ausweitung und Zusammenziehung erfährt. Ihr könnt das mit eurem Atem vergleichen. Einatmen = Ausdehnung, ausatmen = Zusammenziehen. Dieses Wirken hat kosmische Zeitqualität, ist also für die Menschen nicht nachvollzieh- oder berechenbar. An diesem kosmischen Geschehen könnt ihr nur einen ganz kleinen Teil erkennen, auch wenn ihr eure ganze bewusste Geschichte mit einbezieht. Es sind also kosmische Gesetzmäßigkeiten, die bis in jedes Gestirn hineinwirken, es beeinflussen und nähren. Es ist der göttliche Atem, der alles durchströmt und nährt. Es ist die Quelle allen Seins. Das Wort »Atem« kommt vom Sanskritwort »atma«, was Seele heißt. Vielleicht versteht ihr jetzt den Zusammenhang von Atem und Seele.

Durch das Atmen nährt ihr euren Körper, euren Kosmos und haltet ihn lebendig. Dies ist ein kosmisches Grundprinzip. Das Gesetz »wie oben so unten« seht ihr so grundlegend bestätigt.

Mit vielen Berechnungen haben eure Wissenschaftler versucht, diesen kosmischen Puls zu ergründen. Aus eurer Perspektive, ist das jedoch sehr schwierig. Sobald ihr eure Multidimensionalität angenommen und integriert habt, werdet ihr neue Werkzeuge kreieren und diesem göttlichen Puls näher kommen. Die Wissenschaft wird euch Gott, unserer aller Quelle, näher bringen.

Vielschichtiger Kosmos

Der Kosmos umfasst alle Dimensionen. Dimensionen, die euch noch unbekannt sind, weil sie ganz feinstofflich sind, daher keine Materie vorweisen, aber real existieren. Es ist pure, hochschwingende Energie. Es handelt sich um Gestirne und deren Wesen. Solche Gestirne haben ihre eigenen Bahnen im Weltraum und es kann schon vorkommen, dass sie mit einem materiellen Gestirn kollidieren, doch schlüpft das materielle Gestirn in diesem Falle einfach durch das feinstoffliche hindurch. Das materielle Gestirn erfährt dadurch kurzfristig eine erhöhte Schwingung, um sich dann wieder auf seiner Energieebene einzupendeln. Diese hochdimensionalen feinstofflichen Gestirne sind die Wächter des Kosmos und erlauben es tiefschwingenden Regionen, sich zu energetisieren. Sie sind Wächter und Helfer in einem. Sie bewerkstelligen in den tiefschwingenden Regionen einen Evolutionssprung. Mit viel Mitgefühl wird auf diese Art in energetisch ärmeren Regionen die Evolutionsspirale angekurbelt. Mit viel Hingabe wird von den höchsten Ebenen die Energie bis in die gewaltigsten Tiefen gesandt. Es ist wie eine familiäre Unterstützung, denn wir sind alle miteinander verbunden! Diese liebevolle

Verbundenheit und Mithilfe ist ein kosmisches Gesetz und wird von allen Räten befolgt. Es geht immer darum, den Zugang zum Licht zu fördern und die Welten darin zu unterstützen. Die Erde wurde vor Millionen von Jahren auf diese Art energetisiert. So wurde der Flora und Fauna und dann auch den Menschen die Möglichkeit gegeben, ihr Evolutionsspiel auf der Erde auszutragen.

Die unzähligen Gestirne und Systeme kreisen um ein Zentrum. Von dort kommen alle Impulse, die euch nähren. Dort liegt die Basis der Evolution. Dieses göttlichste aller Zentren ist die Liebe selbst. Die Evolution ist also ein großartiges Liebesspiel, mit all ihren Facetten, mit all ihren verschiedenen Dimensionen. Jedes Gestirn erhält die Qualität, die es gemäß seinem Entwicklungsstand benötigt, um an diesem kosmischen Reigen teilzunehmen. Je nach Ausdehnungsstand wird die Energie erhöht oder beim Zusammenziehen komprimiert. Diese Zyklen haben kosmische Ausmaße, die nur von Wesen die Nahe des Zentrums sind, nachvollzogen werden können. Diese Information möge euch aufzeigen, in welch großartigem Gebilde ihr eingebettet seid und dass die Liebe die Basisenergie von allem ist. Die Evolution hat also immer mit Liebe zu tun. Es ist die Energie, die alles zusammenhält, sei es im Makro-Kosmos oder im Mikro-Kosmos. Die Liebe oder das Licht, wie ihr es nennen mögt, wird also in dieser Aufstiegsphase der Erde in die fünfte Dimension den Planeten umarmen. Die Erhöhung der Licht- oder Liebesenergie hat natürlich zur Folge, dass die Machenschaften der dunklen Mächte klarer zum Vorschein kommen und sie ihre Macht verteidigen. Diese Schlacht wird jetzt auf der Erde ausgetragen. Erzengel Michael, der große Kämpfer des Lichtes und seine Heerscharen stehen euch bei. Das Licht und die Liebe werden die Menschen in ihrem Siegeszug in die fünfte Dimension führen. Das Licht und die Liebe werden das zukünftige Leben auf der Erde gestalten und ihr werdet euch mit dieser Qualität in einem größeren Ganzen eingebettet fühlen. Dies wird eure Begrenzungen sprengen und euch auffordern, eure Mitschöpferschaft anzunehmen.

Mit vielen Verästelungen dringt die Energie des kosmischen Zentrums in die Materie, nährt und leitet sie. Eure Körper gehören auch zu dieser Materie, euer Geist jedoch kommt aus diesem Ursprung und ist immer mit ihm verbunden. Wir alle stammen von dieser Quelle des göttlichen Seins. Wir sind alle eins und machen unsere individuellen Lernerfahrungen in der Materie. Je nach Bewusstseinsstand ist dies sicherlich schwierig zu verstehen. Eure Erfahrungen jedoch weisen in diese Richtung. Eure Zukunft wird es euch zeigen. Die dritte und vierte Dimension ist gekennzeichnet durch Trennung und Abkoppelung von eurem göttlichen Ursprung. In der fünften Dimension jedoch werdet ihr euren Ursprung immer mehr spüren. Ihr werdet Gott nicht mehr im Außen suchen, sondern verstehen, dass ihr Teil dieser Göttlichkeit seid. Dies ist der Quantensprung, der euch bevorsteht, denn er wird euer Leben auf der Erde grundsätzlich verändern. Diese Veränderungen werden ein Bedürfnis sein. Die Lebensstrukturen werden sich dem neuen Menschen anpassen. Die Liebe wird nicht mehr nur ein Thema der Romantik sein, sondern erdumspannend die Menschen erobern und ihre Beziehung zur Erde und ihren Mitmenschen prägen.

Mit vielen kleinen und größeren Veränderungen werdet ihr dem Ziel – dem Aufstieg der Erde in die fünfte Dimension – immer näher kommen. Dies bedingt von euch Vertrauen und auch Mut, euren eigenen Weg zu gehen. Das ist nicht immer einfach und wird da und dort Kopfschütteln erzeugen. Mit der Zeit werdet ihr aber erkennen, dass die anderen Menschen ähnliches durchleben und das wird euch Kraft geben, euren einmaligen Weg weiterzugehen. Große Hoffnung wird euch erfüllen, je näher ihr diesem Übergang zugeht, denn ihr werdet erkennen, dass die Erde und die Menschen unterstützt werden.

Die erreichte Ausbalancierung der Polaritäten wird den Menschen weniger Energie kosten. Energie, die für eine Neugestaltung eures Lebens und dem Leben auf der Erde eingesetzt werden kann. Die Erde braucht eure tatkräftige Mithilfe, damit sie sich regenerieren kann. Mit vielen kleinen und großen Veränderungen werdet ihr die Erde in ihrer Transition unterstützen und sie wird wiederum euch eure Lebensgrundlage bieten für ein neues Zeitalter. Das neue Zeitalter wird sich in vielen Dingen verschieden anfühlen, als ihr es jetzt gewohnt seid und einige Lernprozesse auslösen, die das Leben auf der Erde harmonischer gestalten werden.

Die kommenden Zeiten sind von Veränderungen geprägt. Veränderungen, die aber den Menschen zu einem multidimensionalen Wesen entwickeln, das in voller Verantwortung seiner selbst ist und zur Ehre der Erde gereicht. Nur höherdimensionale Wesen können die Entwicklung der Erde mitgestalten und ein Stück des Weges mit ihr gehen. Im Verbund mit den anderen Planeten eures Sonnensystems wird die Erde ihren Beitrag des dimensionalen Quantensprungs leisten und eine energetische Entwicklung des ganzen Milchstraßen-Sektors erlauben. Die Resonanz dieser Energieanhebung wird tief in den Raum wirken. Der Dimensionswechsel der Erde wird von euren Nachbarn interessiert beobachtet, denn auch sie werden von diesem Ereignis energetisch beeinflusst. Da wir alle miteinander verbunden sind, sind wir auch alle davon betroffen. So vielschichtig und multidimensional der Kosmos auch ist, können doch »lokale« Ereignisse alle energetisch berühren.

Die verschiedenen Wege der interstellaren Kommunikation

Für euch sind solche Aspekte noch utopisch. Doch wie in euren Körpern die Zellen miteinander kommunizieren, so geschieht es auch im Kosmos. Ähnliche Verbunde (oder wie im Körper Zellen) haben eigene Aufgaben und arbeiten miteinander für das Ganze. Ein Ausscheren einzelner Gestirne oder Verbunde hätte katastrophale Folgen für dieselben, wie auch für das Ganze. Es ist also im Interesse der Einheit, dass sich die Gestirne zusammenschließen, ihre Eigenartigkeit einbringen und mit den anderen am übergeordneten Evolutionsplan mitarbeiten. Da wir alle energetisch miteinander verbunden sind, wirkt sich die interstellare Kommunikation hauptsächlich auf dieser Ebene ab. Es werden untereinander energetische Impulse ausgetauscht und so die Energiepegel harmonisiert. Die Wesenheiten der bewohnten Gestirne ihrerseits haben sich zu Räten zusammengeschlossen. Es ist eine Art interstellare Regierung, wie ihr das auch auf der Erde mit euren Parlamenten kennt. Dort werden gemeinsame Aufgaben erörtert, Hilfeleistungen erbracht und Lösungen gefunden, immer im Dienste des Evolutionsplanes, daher der Liebe und des

Lichts. Die Abgeordneten der jeweiligen Gestirne sind aber nicht wie bei euch Politiker, die gewählt werden müssen, sondern Individuen, die sich der Sache des Lichtes verpflichtet und den entsprechenden Bewusstseinsstand erreicht haben. Nur so ist es ihnen möglich, mit höherdimensionalen Abgeordneten und Räten Kontakt aufzunehmen und mit ihnen zu kommunizieren. Es handelt sich zum Teil um aufgestiegene Meister der jeweiligen Gestirne, die ihre Heimat gut kennen, doch auch den Blick für das größere Ganze haben. So können die eigenen Bedürfnisse im Rahmen des Ganzen eingebracht werden.

Viele verschiedene Lernthemen sind mit den Gestirnen verbunden. Jedes Gestirn hat sein Hauptthema und so sind auch die Gesetzmäßigkeiten auf diesem Planeten konzipiert. Auf der Erde konnte die drei- bis vierdimensionale polare Wirklichkeit erfahren werden, mit Anspruch auf freien Willen. Da die dimensionale Qualität auf der Erde noch tief war, klafften auch die Polaritäten weit auseinander. Dies ist und war sicherlich eine schwierige Lernaufgabe für die hier inkarnierten Seelen. In der fünften Dimension werden sich die Polaritäten ausbalancieren. Dadurch werden andersartige Lernaufgaben für die hier inkarnierten Seelen geschaffen. Lebensbedingungen wie sie die Erde anbot, sind im Universum auf nur auf wenigen anderen Planeten vorzufinden. Es ist sozusagen die Kindergarten- und Schulstufe eines Planeten. Die Erde und ihre Bewohner wechseln jetzt in das Erwachsenen-Zeitalter mit der entsprechenden individuellen Verantwortung. Die Gesetzmäßigkeiten werden sich bei der fünfdimensionalen Erhöhung verändern und die alten Paradigmen ersetzen. Deshalb ist dieser Wechsel eine Wiedergeburt der Erde und ihrer Menschen in eine höhere Wirklichkeit. Für die Menschen bedeutet dieser Aufstieg eine Herausforderung, die aber gemeistert werden kann. Viele höherdimensionale Wesen stehen bereit, um der Menschheit in dieser Zeit beizustehen. Scheut euch nicht, sie um ihre Hilfe anzugehen.

Mit vielen kleinen und großen Schritten werdet ihr eurem Ziel, dem Aufstieg in die nächsthöhere Schwingungsoktave, näher kommen. Dieser Aufstieg ist vergleichbar mit der Besteigung eines Berges. Geht Schritt für Schritt vorwärts, ohne Eile und blickt zurück. Ihr werdet erstaunt sein, was ihr alles hinter euch gelassen habt und schreitet mutig weiter, eurem Ziel entgegen. Euer Gepäck solltet ihr hinterfragen und nur das Notwendigste mitnehmen. Diese Metapher zeigt euch, dass ihr alten Ballast abwerfen und transformieren solltet, denn er würde euch beim Aufstieg nur behindern und euch von keinem Nutzen sein in der neuen Energie. Diese Prioritäten zu setzen bedingt eine klare Vorstellung eures weiteren Weges, eures neuen transformierten Ichs. Das Gepäck, das nicht mehr in euer neues Leben gehört, wird euch schwer belasten, bis ihr merkt, dass ihr es abstreifen dürft. Die Entscheidung liegt bei jedem Einzelnen. Keine äußere Macht wird euch dies abnehmen können. Ihr seid selber in eurer Verantwortung eingebunden. Die Annahme eurer persönlichen Verantwortung wird euch auch von vielen Zwängen befreien, die euch einengten. Als Mitschöpfer hier auf Erden werdet ihr so für euch selbst und das große Ganze euren Beitrag leisten. Große und kleine Leistungen werden eine neue Welt schaffen. Die Erde ihrerseits wird ihre Veränderungen und Anpassungen vornehmen und gemeinsam werdet ihr in die fünfte Dimension gleiten, in ein neues Zeitalter.

Mit allen verschiedenen Möglichkeiten der Veränderung werden sich die Erde und ihre Bewohner zu einem Juwel entwickeln, das den ganzen galaktischen Sektor aufhellen wird. Diese Aufstiegsphase ist ein Lernprozess, den die freien Welten mit Beachtung und Respekt verfolgen. Tiefgreifende Lernprozesse wie dies Dimensionswechsel sind, üben einen Einfluss weit in den Raum hinaus und beeinflussen ihre Umgebung nachhaltig. Eure momentane Bewusstseinsarbeit wird euer privates Leben positiv verändern, aber auch die Erde und den Raum beeinflussen. Ihr seht also, in welch wichtiger Verantwortung ihr eingebunden seid. Jeder eurer Gedanken trägt zur Veränderung einer neue Welt bei, denn wir sind alle miteinander verbunden. Eine neue Gedankenenergie erfasst demzufolge alle und verändert alte Strukturen und Lebensbedingungen. Je höher die Schwingung, umso schneller werden sich die neuen Gedankenenergien manifestieren und neue Konzepte geboren werden. Diese erhöhte Schwingung wird euch in kurzer Zeit Veränderungen bringen, die in eurer Vergangenheit nicht realisierbar waren oder euch Schwierigkeiten bereitet hätten. Ihr werdet selber entdecken, wie viel weniger Mühe ihr bei der Durchsetzung neuer Konzepte haben werdet und wie problemlos Projekte, die dem Ganzen dienen, umgesetzt werden können. Dies wird euch Energie und Mut geben, die Gestaltung der fünfdimensionalen Erde in Angriff zu nehmen zum Wohle aller. Die Wiedergeburt der Multidimensionalität der menschlichen DNS wird die Neugestaltung der Erde nachhaltig beeinflussen und die Erde in ein Paradies verwandeln. Ein neues Zeitalter bricht für die Erde und ihre Bewohner an, mit Einflüssen tief in den Raum hinein. Ein lebendes Gesamtkunstwerk ist das Ziel, eine Ära des Lichtes und der Liebe im Verbund mit den anderen freien Welten. Eine großartige Zeitspanne bricht für die Erde und die Menschheit an.

Kosmische, interstellare Kommunikation ist eine Energieübertragung von einem Gestirn zum anderen, von einem Sonnensystem zum anderen. Diese Energieübertragung geschieht durch die jeweiligen Emanationen, die ein Gestirn von sich gibt. Es sind dies Pulsationen, ähnlich wie sie von eurem Herz ausgehen. Da ihr selber die Pulsation der Erde integriert habt, könnt ihr sie nicht mehr wahrnehmen. Wäret ihr aber im Raum stationiert, würdet ihr die verschiedenen Pulsationen der jeweiligen Gestirne wahrnehmen können. Es handelt sich da um verschiedene Frequenzausstöße, Töne, die im Verbund mit anderen Gestirnen eine Melodie und Harmonie bilden. Der ganze Kosmos schwingt mit den unterschiedlichsten Tönen, aus denen eine Harmonie entsteht, wie ihr es bei einem Orchester kennt. Diese Frequenzen sind auch Informationen und zeigen den Entwicklungsstand eines Gestirns und seines Sonnensystems an. Raumfahrer erkennen so die Qualität eines Planeten, ohne ihn näher zu kennen. Wenn ihr euch einem Menschen nähert, merkt ihr auch ob er glücklich, traurig oder wütend ist ohne mit ihm Kontakt aufzunehmen. Ähnlich verhält es sich im Raum. Ein Planet kann auch Dissonanzen aussenden, welche im Raum wie ein Hilferuf wahrgenommen werden. Hilfesuchende Gestirne werden von ihren Nachbarn unterstützt, denn eine Disharmonie kann weit in den Raum ziehen und die Nachbarn beeinträchtigen. Es wird also nicht nur selbstlose Hilfe angeboten. Da wir alle miteinander verbunden sind, dient die Hilfe schlussendlich auch dem Hilfegebenden.

Interstellare Zusammenarbeit

Die Emanationen, die von Ster zu Stern ausgesendet werden, bilden die Arbeitsgrundlage derselben. Es ist ein interdimensionaler Austausch, der den Bewusstseinsgrad eines Systems bis hin zum Sektor und darüber hinaus beeinflusst. Die kosmischen Zentren (beispielsweise Zentralsonnen, galaktische und universale Zentren) senden Licht- und Energie-Informationen in die jeweiligen Regionen aus, um den Bewusstseinsgrad zu heben und die Evolution zu fördern und zu unterstützen. Die Bewohner der Gestirne ihrerseits sind in Räten zusammengeschlossen, um die Belange ihrer Heimat und ihrer Umgebung mitzugestalten. Mit großer Weisheit und Fleiß werden Gesetze erlassen, die das Miteinander, die Liebe und das Licht fördern. Die verschiedensten Belange werden von diesen Konzilien bearbeitet, gefördert und unterstützt, ähnlich wie es auf der Erde in den verschiedenen Parlamenten der Fall ist. Die Abgeordneten stammen aber nicht von politischen Parteien wie ihr das kennt, sondern sind spirituell sehr bewusste und weise Wesen, Lichtarbeiter im kosmischen Sinne. Sie bringen die Entschlüsse des Rates auf ihr Heimatgestirn und sind um dessen Umsetzung bemüht. Es ist dies eine sehr verantwortungsvolle Aufgabe, eine kosmische Priesterschaft. Nur ganz auserwählte Wesen sind für diese Arbeit geeignet.

Mit vielen Verästelungen geht die Energie von einem Gestirn aus in den Raum und kontaktiert dort die Nachbarenergien. Es tritt eine Verschmelzung der Energien ein. Ein neuer Konsens wird erarbeitet, der die jeweiligen Gestirne bei ihrer Evolution unterstützt und sie fördert. Es ist eine energetische Zusammenarbeit, eine Art energetisches Gitter, das den Raum zusammenhält und befruchtet. Der Raum ist also nicht ein leeres Gebilde, ein Niemandsland, wie ihr sagen würdet. Es ist ein Geflecht von den verschiedensten Energien, die alles zusammenhalten. Ein multidimensionales Geflecht, das der Raumfahrt die Richtung weist. Es kann als eine Art Straße benützt werden, um von einem Ort zum anderen zu gelangen. Die entsprechenden Energien werden als Antrieb benützt. Es ist also kaum Eigenenergie notwendig. Ziemlich vergleichbar mit den Strömungen eurer Flüsse. Unsere Schiffe, die den ganzen galaktischen Raum befahren, benützen diese Energien und sind so fähig, die größten Distanzen in kurzer Zeit zu überwinden ohne Eigenenergie zu brauchen. Diese Technik wird euch in der fünften Dimension erschlossen und es euch erlauben, euer Inseldasein auf der Erde zu durchbrechen.

Die Zusammenarbeit der verschiedenen Gestirne erfolgt wie besprochen hauptsächlich energetisch, doch werden auch einzelne Belange in den entsprechenden Räten diskutiert und ein für alle befriedigender Konsens gefunden. Es betrifft da vor allem die Freihaltung der entsprechenden Gravitationsfelder vor ungebetenen Besuchern und um den Schutz der jeweiligen Gestirne vor Eindringlingen. Der Raum ist nicht nur von Lichtwesen bevölkert und so kann es da und dort zur Verteidigung des Lichtes kommen. Die dunklen Mächte werden so gut es geht von den lichten, freien Welten ferngehalten und dazu braucht es die Zusammenarbeit der verschiedenen Räte. Bei großen Zusammenkünften wird diskutiert, wie die Schwingung des Lichtes erhöht werden kann, zum Wohle aller freien Welten. Es ist Bewusstseinsarbeit auf hoher Stufe, die dann zu den jeweiligen Heimatgestirnen geführt wird. Transformationsarbeit gehört zur Evolution, auch in multidimensionalen Welten. Veränderung ist eine Konstante hier auf Erden und im Raum.

Die großen Veränderungen, die jetzt auf der Erde stattfinden, werden euch den Himmeln näher bringen. Der Raum kommt zu euch mit all seiner Vielfalt und wird die Erde nähren. Eure Wissenschaft wird Quantensprünge vollziehen und vieles besser verstehen und in ein komisches Konzept bringen können. Ihr werdet eure Isolation durchbrechen und euch in einem größeren Ganzen aufgenommen fühlen. Die Errungenschaften der Wissenschaft wird jedem Einzelnen zur Verfügung gestellt und euer Erdenleben einfacher gestalten. Ihr werdet euch als kosmische Wesen verstehen und euch entsprechend verhalten. Der dimensionale Wechsel ist ein Geschenk an die Erde und ihre Bewohner. Eine bewusste Aufnahme in den Kreis eurer Raumgefährten.

Die reichlich vorhandene Energie, die euch jetzt zur Verfügung steht, wird jeden Einzelnen erfassen und ihn an sein Ziel führen. Vertraut dieser evolutionären Energie, einer Energie, die euch in die fünfte Dimension bringen wird, in ein neues paradiesisches Dasein hier auf Erden. Symbolisch gesprochen: Lasst eure Flügel wachsen und lernt zu fliegen. Die Liebe wird euch führen und begleiten in eine neue Daseinsform, in eine neue Realität. Nehmt die Herausforderung an, mit der Erde diese Wiedergeburt zu vollziehen.

Wir müssen alle immer wieder loslassen, damit Platz für Neues entsteht. Besonders in energetisch veränderten Zeiten bleibt – bildlich gesprochen – kein Stein mehr auf dem anderen. Die Erde wird in dieser Zeit bis ins kleinste Atom Veränderungen erfahren und das gilt auch für seine Bewohner. Diese Transformationszeit erlaubt aber, dass neue innovative Bedingungen geschaffen werden können, die die Erde und die Menschheit besser unterstützen. Diese Veränderungen sind ein Segen für alle und werden euch in eine paradiesische Erde führen. Durch tiefgreifende Veränderungen werden dann neue Strukturen, Leitlinien und Lebensbedingungen erarbeitet werden müssen, die den Menschen und der Erde gerecht werden. Die nächsten Jahre werden eine Herausforderung für jeden einzelnen Menschen sein. Eine Herausforderung aber, die es lohnt, in Angriff zu nehmen. Die intensive Sonnenenergie, der ihr ausgesetzt seid, wird euch in diesem Prozess unterstützen. Eure Kreativität wird ungeahnte Formen erreichen. Ihr werdet mit der Erde eine neue Heimat erschaffen, eine Erde, die den Menschen und eine Menschheit, die die Erde unterstützt.

Galaxis

Eure Galaxis nennt ihr Milchstraße, weil die Anhäufung der vielen kleinen und großen leuchtenden Gestirne wie eine weißliche Masse aussehen. Diese Masse dreht sich um das galaktische Zentrum, ein schwarzes Loch, wie es eure Wissenschaftler nennen. Dieses Zentrum ist die mütterlich nährende Energie der ganzen Galaxis. Von diesem Zentrum aus erhält die ganze Galaxis die Informationsqualität, die sie braucht und dies geschieht durch die Gravitation, mit der alles miteinander verbunden ist. Die Galaxis selber ist ein multidimensionales Wesen, das mit anderen Galaxien zu unserem Universum gehört. Die Milchstraße, wie die anderen Galaxien auch, drehen um das universale Zentrum. Um das Zentrum unserer Schöpfung, unserem Schöpfergott, unserer Schöpfergöttin. Die vielen Millionen von Gestirnen werden von diesem universalen Zentrum genährt. Es ist der Ursprung der Liebesqualität, der dem ganzen Universum innewohnt. Die Basis-Matrix der Schöpfung.

Die Milchstraße ist in Sektoren eingeteilt. In den verschiedenen Sektoren sind unterschiedliche Lernprozesse erfahrbar, je nach Position und Distanz zum galaktischen Zentrum.

Das galaktische Zentrum bestimmt, in welchen Sektoren welche Lernprozesse gemacht werden. Das können ganz unterschiedliche Lernprozesse sein, mit unterschiedlichen dimensionalen Qualitäten. Eure Erde war geprägt durch die Lernprozesse einer polaren drei- und vierdimensionalen Qualität mit Einbezug des freien Willens. Der Lernprozess für die Menschen der Erde wird sich in der fünften Dimension ändern. Sie werden lernen, mit der kosmischen Fülle umzugehen, ihre Kreativität zu entfalten, in einer Energie der ausbalancierten Polarität, immer mit der Qualität des freien Willens. Der Lernprozess wird die Beachtung und der Respekt der kosmischen Gesetze sein. Ein Unterfangen, in das ihr euch zu Beginn des Dimensionswechsels hineinfühlen müsst. Eine neue Art des Lernens mit neuen Paradigmen, sowohl materiell wie auch psychisch. Dieser Lernprozess beginnt nicht erst nach dem Übergang in die fünfte Dimension, sondern wird nach und nach mit der Erhöhung der Energie angezeigt sein.

Lernprozesse steuern der Entwicklung der Seele bei. Es ist ihr Beitrag an den EINEN, an das GANZE. Dies ist der Wachstumsprozess unseres Schöpfergottes, unserer Schöpfergöttin. Die Expansion unseres Universums wird von den Lernprozessen der unzähligen inkarnierten

Seelen bewirkt. Unser Universum ist ein Gemeinschaftswerk aller lebenden Geschöpfe in allen Dimensionen. Wir sind alle Teil der Schöpfergöttin, des Schöpfergottes. Wir sind göttliche Attribute im Einsatz. Die Göttlichkeit der Seele ist immer präsent und je nach Entwicklungsstand des inkarnierten Wesens, mehr oder weniger akzeptiert. Die Entwicklung des Bewusstseins ist nichts anderes als die Akzeptanz der eigenen Göttlichkeit und deren Umsetzung im Physischen und Psychischen. Das Göttliche ist in uns allen und kann nicht außerhalb gesucht werden. Fundamentale Änderung eurer Glaubensstruktur ist in dieser Zeit nötig. Gott wirkt nicht von außen, sondern durch euch und uns hindurch. Ihr seid keine Kinder mehr, sondern Erwachsene, die ihre göttliche Macht annehmen und die ganze Verantwortung tragen. Dies ist die Zeit der Geburt der Götter auf Erden.

Mit den schwarzen Löchern ist es so eine Sache. Eure Wissenschaftler sind daran, sie zu erforschen. Ihre Spekulationen entnehmen sie den Gravitationsfeldern, die sie umgeben. Es ist so, dass die Gravitationskraft des schwarzen Loches alles zusammenhält, eure ganze Galaxis. Die Mitte des schwarzen Loches ist vergleichbar mit dem Auge eines Hurrikans, die totale Leere oder Stille, aus dem alles geboren wird. Es ist die kreative Kraft der Galaxis, die alle nährt. Impulse verströmen aus diesem Zentrum bis ins letzte Atom der Galaxis und entfalten die entsprechende Qualität. Die Milchstraße ist geprägt von der Qualität des Mitgefühls für die ganze Schöpfung. Dieses Mitgefühl umarmt und dringt in jedes Atom der Galaxis. Das ist der Grund, warum stellare Zivilisationen einander helfen und unterstützen auf ihrem Weg der Evolution, warum sich das Ashtar Kommando gebildet hat, um die freien Welten des Lichtes zu unterstützen. Wir sind wie eine Familie, nur in einem größeren Maßstab. Wir helfen und unterstützen einander auf unserem Evolutionsweg.

Der Kontakt der Milchstraße mit den anderen Galaxien des Universums

Die verschiedenen Galaxien ergeben unser Universum. All diese Galaxien drehen um das universale Zentrum, unseren Schöpfergott, unsere Schöpfergöttin. Die Impulse des universalen Zentrums nähren die jeweiligen galaktischen Zentren mit der göttlichen Liebesenergie. Jede Galaxis vertritt einen Aspekt dieser göttlichen Liebesenergie und verfeinert ihn in hochfrequente Schwingung. Dadurch entsteht die hochschwingende Harmonie unseres Universums. Ein Ton, der durch die ganze Schöpfung dringt. Es ist die Substanz allen Seins. Unser aller Heimat.

Die Verbindung der Galaxien untereinander entsteht durch den Austausch dieser hochfrequenten Melodie, die die verschiedenen Liebesimpulse untereinander vermählt. Der Lobgesang für den EINEN, das GANZE, die QUELLE. So leistet jede Galaxis ihren Beitrag, die Liebesqualität zu erhöhen und trägt so zur Expansion des Universums bei.

Die vielen Veränderungen, die die Erde zur Zeit zu bestehen hat, sind ihr Beitrag zur Evolution des ganzen

Sektors der Galaxis. So leistet jede evolutionäre Veränderung eines Gestirns seinen Beitrag, die Schwingung der ganzen Galaxis zu erhöhen. Es ist wie die Metapher des Flügelschlags des Schmetterlings, der alles verändert. Der jetzige Beitrag der Menschheit an diesem Oktavensprung wird von den kosmischen Zivilisationen hoch geschätzt. Sie sind sich der Prüfungen, die die Menschen durchleben, bewusst und möchten euch mit ihrem Mitgefühl zur Seite stehen und helfen. Nehmt ihre Hilfe wahr und an, damit wird sich euer Prozess verkürzen und der Wiederaufbau beschleunigen. Eure Sternengeschwister werden sich vermehrt bei euch melden und ihr Hilfsangebot unterbreiten. Denn eine Sicht der Dinge aus der Entfernung kann sehr kreative Lösungen der Probleme bringen. Das universale Zentrum, das galaktische Zentrum, eure Zentralsonne und eure Sonne sind daran, durch ihre Impulse die Strukturen auf der Erde zu verändern und die Erde in eine neue höhere Dimension zu führen. Die Impulse unserer Schöpfergöttin, unseres Schöpfergottes, gehen bis tief in die Materie jeder Galaxis und bewirken einen evolutionären Schub des ganzen Universums.

Starke Sonnenemanationen künden die Zeit der großen Transformation an. Sie beschleunigen tief greifende Prozesse in jedem Wesen und in der Materie. Diese Transformationsprozesse werden euer ganzes Sonnensystem in eine höhere Schwingungsoktave heben, denn ihr geht als Ganzes weiter in eurer Evolution. Alle Planeten durchlaufen eine Periode materieller und feinstofflicher Veränderungen, um bereit zu sein, die nächsthöhere Schwingungsoktave integrieren zu können. Die Qualität des Raumes zwischen den Planeten ist vergleichbar mit einer sonnenhaften Injektion. Die Zeit ist jetzt reif, mehr Information und Energie von eurer Sonne zu erhalten, um eure Lernprozesse in eine andere Richtung zu führen, um neue Herausforderungen zu lernen und zu meistern. Euer ganzer Sektor der Milchstraße wird schwingungsmäßig erhöht, denn wenn sich ein Planet oder ein Sonnensystem verändert, beeinflusst das weitläufig seine Nachbarn. Die Sonnen sind energetisch miteinander verbunden und senden ihre Impulse in ihre Systeme. Das zeigt euch, dass der evolutionäre Schub der Erde kein Einzelfall ist, sondern, dass ihr mit euren Sterngeschwistern an diesem Oktavensprung arbeitet, jeder in seiner dimensionalen Realität und Qualität. Bald werdet ihr euer Inseldasein auf der Erde durchbrechen und merken, dass ihr in einem größeren Ganzen eingebettet seid.

Großes werdet ihr erreichen. Eure Lebensstrukturen neu erfinden und euch kreativ in euren neuen Lebensprozessen eingeben. Die neue Energie wird viel verändern, aber euch auch viel Neues, Innovatives bringen. Ihr werdet in eine neue Realität hineinwachsen und lernen, damit umzugehen, euch anzupassen und euch zu verwirklichen. Es ist eine großartige Zeit der Veränderung, die von euch aber verlangt Altes, Ausgelebtes abzustoßen, damit das Neue erwachen kann. Bereitet euch vor, nehmt die Signale eures Lebens wahr, fließt mit dieser neuen Energie eurer Verwirklichung entgegen. Dies ist kein Endzeitszenario, sondern ein Szenario der Wiedergeburt des Neuen und Wertvollen. Ich, Ashtar, und das ganze Raumkommando sind Nahe bei euch und verfolgen eure Fortschritte mit großem Interesse. Wir helfen und unterstützen euch, denn wir sind in Liebe auf ewig mit euch verbunden. Wir bringen euch die Erfahrungen des Raumes, der kosmischen Liebe und des Mitgefühls, damit wir gemeinsam wachsen und uns ausdehnen in eine neue Realität. Wir sind miteinander verwoben und kreieren den neuen Himmel und die neue Erde zusammen. Das Paradies, der Garten Eden! Die göttliche Liebe umfängt und durchdringt uns alle und alles. Nehmt sie an, integriert sie in eurem Herzen und eurem Körper. Erweckt das Göttliche in euch, eure solare Natur.

Viele Verästelungen dieser Sonnenenergie brechen alte Muster in euch auf, die jetzt transformiert werden müssen. Ihr kommt nicht darum herum. Ihr werdet von dieser starken Energie getragen und geführt. Eure Transformationen jedoch muss jeder Einzelne selbst erarbeiten und durchstehen. Ihr werdet aber gestärkt und befreit daraus hervorkommen und euch selber immer einen Schritt näher kommen. Bis ihr wieder ganz euch selber werdet und euch zu dem göttlichen Wesen entwickeln könnt, das ihr schon seid. Die Liebe wird euer Leben prägen hier auf Erden, die Liebe mit all ihren Facetten. Euer Mut wird wieder erwachen und euch Dinge realisieren lassen, von denen ihr nur geträumt habt. Vertraut eurer Fantasie, denn sie öffnet euch die Tore zum Unbegrenzten. Vertraut eurer Gedankenkraft, die ihr in voller Verantwortung einsetzen werdet, zu eurem Wohle und dem Wohle aller. Gedanken sind eine starke Energie, die sich manifestiert. Trainiert diese Energie jetzt schon, denn in der fünften Dimension wird sie ein ganz wichtiges Werkzeug auf der Erde sein. Diese Transitionszeit ist ein Trainingsfeld für euch, um euch in die neue erhöhte Energie einzupendeln, euch anzupassen. Auch euer Körper wird seine Anpassungen durchmachen. Erlaubt ihm Ruhe, wenn er es braucht, und hört auf ihn, denn all die Transformationen, die ihr bewältigt, müssen von eurem Körper ausgeschwemmt und erlöst werden. Eure göttliche Natur wird bis ins kleinste Atom Einzug halten und euch neu erstrahlen lassen.

Kommunikation: Was ist das?

Kommunikation ist ein Wort, das bei euch oft gebraucht wird. Kommunikation wird auf vielen Ebenen und in vielen Sparten geübt und trotzdem fehlt es an dieser Interaktion und macht viele Geschehen undurchsichtig, nicht nachvollziehbar. Kommunikation kommt vom Wort Kommunion – sich miteinander verbinden, sich miteinander austauschen. Dieser Austausch sollte partnerschaftlich erfolgen. Jeder sollte sich einbringen können, seinen Standpunkt klarmachen, seine Inputs anmelden dürfen. Kommunikation erfolgt nicht nur verbal oder schriftlich, sondern auch energetisch, beispielsweise emotional oder körperlich (nonverbaler Ausdruck des Körpers oder Taten). Kommunikation ist die sehr anspruchsvolle Kunst, miteinander umzugehen und sich untereinander auszutauschen. Mit der jetzt vorherrschenden beschleunigten Energie wird dieser Austausch noch differenzierter werden, noch anspruchsvoller, denn die Informationsflut wird zunehmen und jeder Mensch muss seine persönliche Auswahl selber erarbeiten, integrieren und sich mit seinem Umfeld austauschen. Eine gute Portion Stabilität wird erforderlich sein, für sich den

Weizen vom Spreu zu trennen und diese Auswahl seinem Umfeld mitzuteilen.

Kommunikation ist ein Austausch von Energie. Information ist Energie. Die Sonnenemanationen, die die Erde jetzt aufnimmt, ist eine Kommunikationsart des Raumes. Eure Sonne kommuniziert auf diese Weise mit der Erde. Die Erde erhält jetzt viele neue Informationen, die sie in die fünfte Dimension führen werden. Die Sonnen unter sich tauschen sich auf die gleiche Weise aus. So tut es auch das galaktische Zentrum der Milchstraße mit der Galaxis und dem übrigen Raum. Es findet also im ganzen Universum immer ein riesiger Informationsaustausch statt. Eure Sternengeschwister des Lichtes ihrerseits kommunizieren untereinander auf telepathische Weise, und zwar von ihrem Herzzentrum aus. Auch die gechannelten Informationen, die ihr vom Raum oder eurer geistigen Hierarchie erhaltet, werden von Herz zu Herz weitergegeben. Es ist eine Interaktion der Liebe. Die Fähigkeit des gedanklichen Austausches werdet ihr jetzt auf der Erde immer mehr entfalten. Durch die Erhöhung der Schwingungsfrequenz der Erde werden in euch schlummernde Talente aufbrechen wie beispielsweise die Telepathie. Ihr werdet lernen, Informationen zu empfangen und zu senden. Ihr meint sicher, dass das nicht nötig sei, denn eure Erde hat ja ein umfangreiches Telekommunikationssystem! Die starken Erdveränderungen und die zunehmenden Sonnenemanationen werden diese

Systeme zum Teil vorübergehend lahm legen oder unbrauchbar machen. Ihr werdet somit auf eure eigenen Schätze und Talente zurückgeworfen. Es bricht für euch eine lehrreiche Zeit an. Es ist doch wunderbar, wenn man sich auf seine eigenen Talente stützen kann und nicht auf äußere Werkzeuge angewiesen ist.

Die Kommunikation zwischen den Planeten eines Sonnensystems ist energetischer Art. Es ist wie ein Gefüge in einer Familie, in der jeder seine Eigenart und Qualität hat. Eure Astrologie ist dem sehr nahe gekommen. Forscht weiter in diese Richtung. Bis jetzt erkanntet ihr den Bezug der Planeten zur Erde. Versucht, den Bezug der Planeten zur Sonne zu erfassen, und ihr werdet erstaunliche Hinweise kriegen, wie die Kommunikation zwischen den Gestirnen funktioniert, wie die Eigenarten und Qualitäten untereinander ausgetauscht werden.

Kommunikation findet also auf sehr viele verschiedene Arten statt. Einige beherrscht ihr schon sehr gut, andere werden euch noch offenbart. Diese neue Zeitspanne ist hauptsächlich der Kommunikation gewidmet. Ihr werdet durch sie große Veränderungen im gesellschaftlichen, politischen und ökonomischen Leben erfahren. Es wird die Menschen näher zusammenbringen und ihr werdet euch vermehrt global verstehen und euch besser untereinander unterstützen können. Eure Kommunikation untereinander wird euch helfen, mit dem Raum Kontakt aufzunehmen und vom Raum Kommunikation zu erhalten. Die Kommunikationsarten werden sich ausdehnen und ihr werdet Zugriff zu interstellaren Abläufen und Zivilisationen kriegen. Alle Arten der Kommunikation werden euch verbinden und ihr werdet euch so im Raum einbringen können, eure Erfahrungen teilen und neue erfahren. Dadurch wird der Erde und ihren Bewohnern in ihrer Evolution eine große Chance zuteil.

Nach Jahrzehnten und Jahrhunderten gefüllt mit kriegerischen Auseinandersetzungen wird euch die Zukunft durch die Kommunikation mit der neuen, hohen Schwingung, die ihr von der Sonne erhält, Frieden auf Erden bringen. Ihr werdet nicht nur euren Standpunkt verstehen, sondern auch die Meinung eures Gegenübers und so werdet ihr gemeinsam Lösungen erarbeiten, die dem Ganzen dienen. Die Werkzeuge der Kommunikation werden euch dienen und unterstützen, in der Schaffung eines friedvollen Planeten. Diese Bewerkstelligung wird euch erlauben, gemeinsam als friedvolle Erdenbewohner in den Raum vorzustoßen und mit euren Sternengeschwistern Kontakt aufzunehmen und von ihnen Mitteilungen zu erhalten. Diese Kontakte können nur in friedvoller Weise geschehen von einer erwachsenen Erdbevölkerung, die in voller Verantwortung ihrer selbst ist. Die Veränderungen gesellschaftlicher, politischer und ökonomischer Art, die momentan auf der Erde stattfinden, werden euch diesem Ziele zuführen und euch vom Inseldasein der Erdenmenschen befreien. Es ist die Wiedergeburt der Erde und ihrer Menschen. Himmel und Erde werden sich näherkommen und sich gegenseitig befruchten und unterstützen. Es ist die respekt- und liebevolle Zusammenführung der galaktischen Familie.

Diese kosmischen Interaktionen, die ihr jetzt und in Zukunft erlernen müsst, werden euch helfen, mit den neuen Lebensparadigmen in der fünften Dimension umzugehen. Es ist ein Lernprozess, der sowohl tief in euer privates Leben einwirken wird und tut, aber auch globaler Natur ist. Jeder Mensch muss seine veralteten Strukturen zugunsten neuer verlassen. Die Umstrukturierung alter, nicht mehr lebensfähiger Paradigmen, wird euch jetzt aufgezeigt und in teilweise schmerzhaften Prozessen erlöst. Die Anhebung der Energie wird euch aber helfen, nicht in dem Prozess stecken zu bleiben und das Neue zu begrüßen. Ihr seid nicht ein einzelnes Opfer dieser Umstände. Alle Menschen durchlaufen jetzt ähnliche Prozesse, je nachdem wie viel Neues sie schon integrieren konnten. Diese Umwandlungen werden euch zu einem neuen Menschen machen. Ihr werdet immer mehr zu euch selbst. Wesenszüge und Lebensmodalitäten, die nicht wirklich zu euch passen, werden sich auflösen. Damit erhaltet ihr eure ganz persönliche Macht und Verantwortung zurück. Ihr werdet euch eurer Göttlichkeit erinnern und die Erde zu eurem Paradies gestalten.

Begrüßt also diese Bewusstseinsarbeit als Geschenk an euch und die Erde. Ihr genießt dabei alle kosmische Unterstützung, die ihr euch erträumt. Geht Schritt für Schritt voran in eine neue Dimension, die den Himmel und die Erde näherbringen wird. Diese Zeitspanne auf der Erde ist für ihre Menschen eine große Herausforderung, aber auch eine einmalige Lernchance ihrer Seelen. Geht also mutig und voll Vertrauen diesen, euren Weg.

Viele der erwähnten Veränderungen ereignen sich im Innersten einer jeden Person. Die Veränderungen geschehen also von innen nach außen. Es ist vergleichbar mit einer nach außen Stülpung eines Handschuhs. Diese Prozesse werden natürlich ihre Auswirkungen in Familien und der Gesellschaft haben und anfangs viel Unruhe erzeugen, bis neue, dem Menschen gerechtere Strukturen, gefunden werden. Dies ist für die ganze Gesellschaft eine immense Herausforderung, können doch alte Strukturen nicht mehr beibehalten und neue zuerst kreiert werden müssen. Besonders in Gesellschaften mit traditionellen, starren Strukturen werden diese Veränderungen Erdbeben ähneln. Viel Zerstörung, Ratlosigkeit und mühsames Aufbauen neuer Strukturen ist die Folge. Diese Zeit der Umstrukturierung oder Befreiung wird alle Menschen treffen und ihre kreative Mitarbeit verlangen. Die hohen Schwingungen, die jetzt auf die Erde gespült werden, treffen bis in den kleinsten Winkel des Physischen und Psychischen. Auch eure Erde ist diesem Prozess unterworfen, mit den entsprechenden äußeren Veränderungen. Gemeinsam werdet ihr so befreit von alten Verkrustungen in die nächsthöhere Dimension eintreten können.

Minuten und stundenlange Beben im Innen um Außen werden eure alten Strukturen zerstören, um neuen Paradigmen Platz zu machen. Was sich im Außen ereignet, hat auch immer mit eurem Innern zu tun und dient euch als Spiegel. Hinterfragt also die äußeren Ereignisse, die euch herausfordern, damit ihr den Schlüssel für die Lösung eurer inneren Prozesse erkennt. Manche Ereignisse werden sich schnell auflösen, andere werden langatmigere Prozesse in euch nach sich ziehen. Das Ziel aller Ereignisse, die euch jetzt zustoßen, ist euch näher zu euch selbst zu bringen. Zu werden, wer ihr schon immer gewesen seid. Eure Persönlichkeit mit all ihren Talenten zu entdecken. Ihr werdet zum Teil erstaunt sein, welches Potenzial in euch schlummert, das ihr für euch selbst und für das Ganze zur Verfügung habt. Die Wiedergeburt der Erde in die fünfte Dimension zieht auch ihre Bewohner mit in diese Transformation. Eine neue Erde braucht neue, transformierte Menschen, um den Aufbau des Lebens der fünften Dimension zu gestalten. Die Erde bedient sich der Mittel der Erdveränderungen, um mit ihren Bewohnern zu kommunizieren. Hinterfragt, was euch die Erde mitteilen will und arbeitet mit ihr gemeinsam an diesem bedeutenden Aufstieg. Die Früchte dieser

Zusammenarbeit werdet ihr in der fünften Dimension ernten. Das Alltagsleben wird sich für euch viel einfacher gestalten, denn ihr werdet Talente nutzen können, die euch jetzt noch verborgen sind. Habt also Vertrauen und Mut, diese Aufstiegszeit so verantwortungsbewusst wie möglich zu leben. Der Kontakt mit eurer Mitte wird euch Stabilität geben und euch in ruhelosen Zeiten unterstützen.

Die Erde und ihr Trabant

Die Erde ist ein wunderschöner, paradiesischer Planet mit einer unglaublichen Vielfalt. Ihre Schönheit strahlt in den Raum und hat schon viele Sternenbrüder und -schwestern angezogen. Die Lernprozesse, die auf der Erde erfahren wurden und werden, haben eine ganz spezielle Qualität für eine Seele, die sich entschieden hat, auf ihr zu inkarnieren. Es gibt ein sehr kompaktes Zeitgefüge, eine stark betonte Polarität und eine relativ niedere Dimensionsqualität, die die Lernprozesse für inkarnierte Seelen anspruchsvoll gestalten. Der Wunsch, auf der Erde zu inkarnieren, wird von jeder Seele freiwillig gewählt und durch die Liebe zur Erde haben sich bei vielen Seelen lange Inkarnationszyklen ergeben. Speziell in der heutigen Zeit sind schon seit langem inkarnierte Seelen dabei, die Erde auf ihrem Weg in die fünfte Dimension zu unterstützen. Die Vorbereitung zu diesem Ereignis wurde von langer Hand – eben durch diese Menschen – vorbereitet. Sie sind im wahrsten Sinne des Wortes Evolutionshelfer, wo auch immer sie eingesetzt sind und waren. Viele dieser Helfer sind sich ihrer Arbeit bewusst. Einige wenige werden in den nächsten Jahren noch erwachen und bewusst diesen Prozess mitgestalten.

Viele Seelen sind auf der Erde nur zu Besuch und werden sie zu ihrem Zeitpunkt verlassen. Sie haben bloß Informationen und Eindrücke gesammelt und ihre entsprechenden Lernprozesse erhalten. Die Liebe zu Mutter Erde jedoch macht aus Seelen, als Metapher, Eingeborene oder eben nur Touristen. Diese »Eingeborenen« fühlen sich der Erde und ihren Menschen verpflichtet und scheuen keine Mühsal, die Erde in ihrem Prozess zu unterstützen.

Die Erde mit ihrer Vielfalt entspricht nicht einem gängigen kosmischen Modell und sie ist deshalb ein umworbener Planet in dieser Raumregion. Die Evolution der Erde in die fünfte Dimension wird die Erde noch attraktiver machen, weil ihre Schwingung kompatibel wird mit anderen, höher entwickelten Gestirnen. Ein Austausch gegenseitiger Lernerfahrungen wird daraus resultieren und der Erde viel Neues bringen, aber auch ihre Sternenbrüder und -schwestern befruchten. Seid euch der Tatsache bewusst, dass eure liebe Erde ein Paradies ist und schon immer war. Es findet zur Zeit ein großes Umdenken bei der Menschheit statt, diesen, ihren Planeten, zu schützen, und die kommenden Generationen werden ihre Evolution in Harmonie mit der Erde gestalten. Eine Zusammenarbeit, die beide reichlich beschenken wird. Jede Region wird das ihre an die Menschheit beitragen und so werden alle in Fülle leben können. Was die eine Region nicht besitzt, wird ihr von einer anderen zur Verfügung gestellt werden und vice versa. Dieser globale Austausch wird nicht mehr durch kriegerische oder ausbeutende Szenarien belastet sein. Es wird der Austausch einer Menschheit sein, die sich als globale Weltenbürger verstehen, als Erdenbürger.

Meine Vision der neuen Menschheit wird sich in unglaublich kurzer Zeit umsetzen. Normalerweise brauchen solche evolutionäre Themen Jahrzehnte und Jahrhunderte. Doch mit den neuen Sonnenemanationen, die die Erde empfängt, wird sich ihr Energiepegel drastisch steigern und die Menschheit in eine neue Ära katapultieren. Die Bedingungen der dritten und vierten Dimension werden auslaufen und neuen, fünfdimensionalen Platz machen. Dieser Dimensionswechsel wird diesen tiefgreifenden Evolutionsschritt möglich machen. Als Metapher ausgedrückt, ist es wie der Zieleinlauf bei einem Rennen, an dem die Beteiligten ihre ganze Kraft und ihre Ressourcen einsetzen, um im Ziel anzukommen. Wundert euch also nicht, wenn die kommenden Jahre von euch viel Kraft und Mut fordern. Aber vergesst nicht, dass diese erhöhte Schwingung euch auch tragen und euch ans Ziel spülen wird. Habt Vertrauen in diesen evolutionären Prozess. Fließt mit dieser Schwingung in eine höhere Daseinsebene. Der Dimensionswechsel wird euch viele Neuerungen bringen und euer Leben wird sich viel einfacher gestalten lassen. Ihr werdet Neues lernen und eure Realität entsprechend kreieren. Es wird für die

Menschheit eine gänzlich neue Daseinsform geboren mit neuen Paradigmen. Die stetige Erhöhung der Schwingung wird euch darauf vorbereiten und den Übergang in die nächste Dimension fließend gestalten. Große Veränderungen für große evolutionäre Neuerungen.

Die Erde und ihr Trabant, euer Mond, sind eine symbiotische Gemeinschaft. Der Mond hilft der Erde und gibt ihr Stabilität auf ihrer Umlaufbahn um die Sonne. Sie gehören zusammen und bilden eine Einheit in eurem Sonnensystem. Der Mond ist wie der Wächter der Erde, ihr Schutzschild. Der Einfluss des Mondes auf die Erde ist beträchtlich. Eure Wissenschaft wird sich vermehrt in Zukunft mit eurem Mond befassen und entdecken, dass die Gemeinsamkeiten mit der Erde erheblich sind. Wenn wir also von der Erde sprechen, so betrifft das auch immer euren Mond. Euer Mond ist so etwas wie eine Plattform, von welcher aus eure Sternengeschwister mit euch physischen Kontakt aufnehmen können. Es ist wie das Eingangstor zur Erde, eine Art Zwischenstation. Der Mond beflügelt eure Emotionalität und wird deshalb von Verliebten und Romantikern verehrt. Unterschätzt seine Kraft nicht. Versucht, die Mondzyklen in eurem Leben und global zu ergründen. Dies wird euch wichtige Hinweise geben, euer Leben stabiler zu leben.

Die vielen energetischen Verbindungen, die die Erde und den Mond anziehen, machen aus dem Gespann eine

Einheit. Auf der sichtbaren Ebene sind es zwei Gestirne, aber auf der feinstofflichen Ebene aber sind sie eins. Sie sind wie zwei Pole einer Einheit. Für eure zukünftigen Raumfahrten wird der Mond eine wichtige Stellung einnehmen, denn er wird für euch die Plattform für eure Reisen ins All. Das tönt alles noch sehr utopisch, doch mit dem Übergang in die fünfte Dimension wird sich eure DNS weiter entwickeln und euer schlummerndes Potenzial erweckt. Das wird es euch erlauben, in relativ kurzer Zeit fähig zu sein, die Erforschung des Raumes voranzutreiben und eure Erfahrungen zu sammeln. Der Mond wird euch dabei eine große Unterstützung sein und euch bei euren ersten »Gehversuchen« helfen. Alle außerterrestrischen Flüge zeigen euch jetzt schon die Schönheit der Erde und ihr werdet euch immer mehr als globale Erdbewohner verstehen, ohne Grenzen- oder Rassenschranken. Es ist gut, seine Heimat von der Ferne zu betrachten, um sich ihrer Qualität und Schönheit bewusst zu werden. Die Verantwortung der Menschen für die Erde wird sprunghaft ansteigen.

Die Liebe der Erde zu ihren Menschen wird von ihnen erwidert werden, denn sie können ihren Weg nur gemeinsam gehen in Harmonie und Frieden. Der Paradiescode wird den Menschen offenbart!

Viele tausend Lichtjahre von euch entfernt existiert ein erdähnlicher Planet mit Lerngegebenheiten, wie sie auf der Erde anzutreffen sind. Dieser Planet ist noch tief in der dritten Dimension und wird dann zu seiner Zeit auch die Evolution in die vierte und fünfte Dimension durchmachen müssen. Menschen, die es bei der jetzigen Transition in die höhere Schwingungsebene vorziehen in der dritten Dimension zu bleiben, haben so die Gelegenheit, weitere dreidimensionale Lernprozesse zu erleben. Sie werden bei der jetzigen, stetigen Erhöhung der Energie vorziehen, diesen Planeten zu verlassen. Diese Entscheidung trifft jedes Individuum eigenständig auf seiner Seelenebene. Das ist zum Teil der Grund, warum in den nächsten Jahren viele Menschen die Erde verlassen werden. Jede hier inkarnierte Wesenheit ist unsterblich und göttlich. Wenn sie die Erde verlässt, so streift sie nur das ihr zur Verfügung stehende Vehikel, also ihren Körper, ab, um auf ihrem Evolutionsweg weitergehen zu können. Ihr seid hier auf der Erde eine Art Schicksalsgemeinschaft. Die Einen entscheiden sich zu bleiben und tatkräftig mit dieser neuen Energie zu arbeiten und zu lernen, während andere es vorziehen, weiter mit ähnlichen Paradigmen zu lernen, aber auf einem anderen Übungsfeld.

Einmalige Erfahrungen kennzeichnen die Erde und ihren Trabanten. Sie waren ein Spielplatz kosmischer Wesenheiten, wo Erfahrungen und Experimente durchgeführt werden konnten. Diese Zeit ist jetzt vorbei, weil die Bewohner der Erde sich ihrer Verantwortung bewusst werden und beginnen, ihrem Planeten Sorge zu tragen.

Die kommende Zeit wird stark geprägt sein durch diese Hingabe und Sorge für die Erde. Die Menschen werden sich bewusst, dass sie nur mit der Erde gemeinsam ein erfülltes Leben genießen können und nicht gegen sie. Dieses wachsende Verantwortungsgefühl der Erde gegenüber wird sich auch gesellschaftlich, politisch und ökonomisch auswirken und so das Leben und Miteinander auf der Erde verändern, zugunsten aller.

Prioritäten werden neu gesetzt und die Erde und der Mensch werden in den Mittelpunkt gestellt. Kriegerische und ökonomische Machtansprüche werden keinen Platz mehr haben in einer Welt, in der der Einzelne bereit ist, Verantwortung für sich selbst und die Seinen zu übernehmen. Diese Veränderung wird sich in kurzer Zeit abspielen und eine große Herausforderung für alle Menschen bedeuten. Die beschleunigte Energiewelle, die momentan auf die Erde gespült wird, wird diesen Prozess vorantreiben und den Bewusstseinsprozess der Menschen unterstützen. Achtsamkeit wird überall einfliessen und damit ein respektvoller Umgang der Menschen untereinander und der Erde gegenüber stattfinden. Dies bedingt ein Umlernen, beispielsweise eine Abgabe von persönlichen Privilegien zugunsten einer Mehrheit, Umverteilung der Güter, Ressourcenverantwortung für alle und gleichmäßige Verteilung. Dies sind Unterfangen, die nicht von heute auf morgen geschehen werden, doch deren Ansätze sind bereits da oder in Vorbereitung. Diese

Lernprozesse werden bis tief in jeden Menschen wirken und ihn entsprechend verwandeln und prägen. Es wird sich eine Philosophie entwickeln, die nicht vom Geistigen kommt, sondern aus der Praxis initiiert wird.

Der Mond und die Erde werden jetzt in dieser Aufstiegsphase gleichermaßen von Veränderungen betroffen sein, da die zwei zusammengehören und von außen als Einheit gesehen werden. Nur von eurer Perspektive aus sind es zwei Gestirne. Doch energetisch bilden sie eine Einheit.

Die Veränderungen betreffen, wie schon erwähnt, euer ganzes Sonnensystem, denn hier wiederum seid ihr eine Einheit im größeren Ganzen. Der Energieschub wird alle Gestirne eures Sonnensystems erfassen und euch in neue, schneller schwingende Gefilde bringen, mit dem entsprechenden Bewusstseinswachstum. Es ist ein Quantensprung für alle Beteiligten, ausgehend von eurer Sonne, die die Initiatorin dieses Prozesses ist. Eure Sonne ihrerseits wird vom Verbund der Sonnen und der Zentralsonne genährt und erhält so die Impulse, die sie weitergibt. Es ist dies ein Prozess, der den ganzen Sektor eurer Milchstraße betrifft.

Ihr seid also nicht alleine und nicht Opfer dieses Energieschubs, sondern mitbeteiligte Schöpfer in diesem Prozess. Übernehmt Verantwortung für euch selbst und eure

Umgebung und fließt mit dieser neuen Energie. Sie wird euch dorthin führen, wo ihr hinmüsst – in die fünfte Dimension.

Kontakt mit den Sternengeschwistern

Die Zeit ist nahe, in der die Erde ihr Inseldasein für immer verlassen und tiefer in den Raum vorstoßen wird. Eure heutige Technologie ist noch in den Kinderschuhen und wird in den kommenden Jahren enorme Fortschritte machen. Die Erkundung eures Sonnensystems wird erste Priorität haben, wird aber später durch Reisen jenseits desselben erweitert. Durch den Prozess der Sprengung eurer Grenzen, werdet ihr unweigerlich mit euren Sternengeschwistern in eurer Nachbarschaft in Kontakt kommen. Dieser Austausch wird ungeahnte technische und geistige Perspektiven auf der Erde auslösen. Die Himmel werden auf die Erde kommen, mit all ihren Schätzen. Die Erde ihrerseits wird ihre Schätze zur Verfügung stellen. Ein kosmischer Austausch mit euren Mitträgern des Lichtes. Für die künftigen Zivilisationen der Erde wird dieser Austausch normal und alltäglich sein. Die heutige Zivilisation jedoch, wird die Basis für diese Zusammenarbeit legen. Eine große Verantwortung für eine Generation, die eben aus den Kinderschuhen entwächst und versucht selbstständig zu gehen. Die Erhöhung der Energie durch die Sonnenemanationen wird den Menschen in seinen Prozessen unterstützen und fördern. Was für euch momentan noch utopisch klingt, wird schon bald Realität sein, denn das Wachstum des Bewusstseins eines jeden Menschen wird dazu beitragen.

Mit den Veränderungen, die jetzt auf der Erde anstehen, werdet ihr eure Persönlichkeit stark weiterentwickeln und an euer schlummerndes Potenzial gelangen. Der Kontakt mit euren Sternengeschwistern mag für euch jetzt noch unrealistisch klingen. Eure persönliche Förderung wird euch jedoch in eine neue Realität katapultieren. Unternehmen, die für euch momentan noch utopisch sind, werden aber nach und nach in euer Bewusstsein gelangen und euer Leben auf der Erde bereichern. Fließt mit dieser neuen Energie mit und baut eure Begrenzungen ab, um an dieser Öffnung teilhaben zu können. Teifgreifende Umwandlungen gesellschaftlicher, religiöser und ökonomischer Natur werden eure Begleiter sein, in eine neue Daseinsebene auf der Erde.

Eure Raum-Nachbarn verfolgen die Geschicke der Erde mit großem Interesse. Auch sie werden bereit sein für einen partnerschaftlichen Austausch. Dieser Austausch wird erst geschehen, wenn die Partner bewusstseinsmäßig »kompatibel« sind. So müsst ihr euch also nicht vor einem ungleichen Austausch fürchten. Mit dem Anstieg der menschlichen Kapazität wird dieser Austausch mit Liebesfrequenzen vollzogen, wie es sich für

Mächte des Lichtes gehört. Die Liebesenergie ist eine für euch noch unbekannte Frequenz, die ihr in eurem Alltag einsetzen werdet. Sie wird einer der größten Energieträger der Zukunft sein, die Menschen von Abhängigkeiten befreien und eine neue Ära auf der Erde einläuten. Geht hoffnungsvoll vorwärts ins Licht (=Liebe) und genießt euer Erdendasein.

Die besprochene Liebesfrequenz wird die Erde umarmen und durchdringen, das Zusammenleben der Menschen gestalten und die Zusammenarbeit mit euren Sternengeschwistern prägen. Die Liebe ist die Grundessenz jeder partnerschaftlichen Aktivität und jedes Unternehmens. Das Licht und die beschleunigten Frequenzen, die von eurer Sonne auf die Erde kommen, ist reine Liebe und wartet nur darauf, von den Menschen willkommengeheißen zu werden. Auch wenn diese Emanationen große Veränderungen auf der Erde auslösen, vergesst nicht, dass es sich dabei um eine Liebesmission handelt, die die Erde und die Menschen in eine neue Ära der Fülle bringen wird. Ein neuer Zeitabschnitt, der euch eure Göttlichkeit bewusst machen wird. Durch viele Inkarnationen auf der Erde wurdet ihr auf dieses Ereignis vorbereitet und dürft nun die Früchte eurer Erfahrungen ernten und euch als Menschen voll einbringen in diesen neuen Erdenzyklus. In Verantwortung eurer selbst und der Erde werdet ihr und die kommenden Generationen das »Goldene Zeitalter« der Erde mitgestalten und miterleben. Seid also guten Mutes, damit ihr in den Veränderungen, die sich manifestieren, das Ziel erkennen könnt und tatkräftig mitarbeitet bei dessen Gestaltung. So sei es.

Ihr seid Liebe in Bewegung, (in motion) in Aktivität. Ihr seid die göttliche Manifestation in der Schöpfung. Bald wird das allen Menschen bewusst werden und tiefgreifende gesellschaftliche und soziale Veränderungen nach sich ziehen. Die Liebe in all ihren Facetten wird von der Erde Besitz ergreifen und die Herzen aller Menschen öffnen und füllen. Ein paradiesischer Zustand wird den Menschen offenbart, denn nur ein volles Herz kann Erfüllung und Glück bescheren. Das goldene Zeitalter bezieht sich auf den Schatz, den ihr in eurem Herzen habt, auf diese Fülle, die euch selbst nährt, aber auch eure Umgebung und die Erde. Momentan werden die Herzen der Menschen von vergangenen Verletzungen geheilt, damit sie sich der Liebe wieder öffnen können. Vertraut den Prozessen in eurem Leben, die alte Verletzungen und Muster aufsteigen lassen, damit sie transformiert und geheilt werden können. Auch wenn ihr nochmals den Schmerz erkennen müsst, könnt ihr ihn jetzt vollständig loslassen und befreit weitergehen. Habt den Mut, Altes nochmals von einer neuen Perspektive anzuschauen. Lasst in Liebe los, eine Liebesqualität, die bedingungslos ist und nicht wertet. Vielleicht erkennt ihr jetzt, was ihr lernen musstet und was ihr dadurch integrieren konntet auf eurem langen Weg durch eure irdischen Inkarnationen. Ihr werdet eurer Identität, eurer Selbst, dadurch immer näherkommen, damit ihr als ganze, bewusste Persönlichkeit in die neue Ära aufsteigen könnt. Die Energiewelle der Sonne unterstützt euch und bringt Klarheit auf euren persönlichen Weg.

Die Liebe mit all ihren Facetten wird den Hunger, das Leid und die Ungerechtigkeiten auf der Erde auflösen und wird für eine gerechtere Verteilung der Güter, der Energie und der Ressourcen sorgen. Dies wird natürlich nicht ohne grundlegende Veränderungen und Umstrukturierungen geschehen. Die Herzen der Menschen werden aber bereit sein, solche Veränderungen zuzulassen, denn sie werden von ihrer Herzensenergie geleitet sein. Zum jetzigen Zeitpunkt sind schon Bestrebungen in dieser Richtung im Gange, doch werden nach und nach flächendeckende Anstrengungen zu diesem Ziel führen. Vertraut auf die Herzensenergie eines jeden Menschen. Ein ungeahntes Potenzial wird sich euch eröffnen und die Erde ihrerseits wird in Resonanz mit dieser Schwingung das ihre beitragen. Hungersnöte, Katastrophen, Leid und Elend werden der Vergangenheit angehören. Die Erde wird zum Paradies für jedermann, wo auch immer er sich befindet. Jede Region wird mit ihren Schätzen beitragen und die Fülle wird jedermanns Gut sein. Die größte Veränderung oder Umwandlung wird in euren Herzen geschehen und die Erde zu dem machen, was sie eigentlich schon ist. Zum Garten Eden! Männer und Frauen werden gleichberechtigt ihren Tribut leisten und die Gesellschaften in ein neues Zeitalter führen. Jedermann wird für sich selbst und seine Umgebung Verantwortung tragen und die Geschicke seiner Region mitgestalten und mittragen. Demokratie wird nicht mehr nur ein geflügeltes Wort sein, nein, sie wird von allen Menschen gelebt werden bis tief in jede Familie oder Wohngemeinschaft.

Viele Verästelungen der menschlichen Psyche werden sich öffnen und weiterentwickeln und dem Individuum helfen, mit der neuen Energie besser umzugehen und die vielen Veränderungen in sein Leben zu integrieren, zu seinem Wohle und dem Wohle des Ganzen. Dunkle, unbewusste Seiten werden an die Oberfläche getragen, transformiert und in die Persönlichkeit integriert. Diese Zeitqualität intensiviert persönliche Muster, um sie geläutert in das Leben eines jeden einbringen zu können. Es steht also momentan viel psychische Arbeit an, denn der Mensch muss sich von innen heraus verwandeln, um die erhöhte Schwingung eurer Sonne zu akzeptieren und integrieren zu können. Diese psychische Arbeit wird einer neuen Menschenrasse zur Geburt verhelfen, in Resonanz mit der Wiedergeburt der Erde in eine höhere Schwingungsebene. Seid also nicht erstaunt, wenn längst abgelegte und verarbeitete Themen in eurem Leben auftauchen, um sie nochmals anzuschauen, zu transformieren und definitiv loszulassen. Diese Zeitqualität ist für jeden Menschen eine persönliche Herausforderung. Aber nur so wird er seine Altlasten loslassen und befreit die höhere Schwingungsfrequenz integrieren können.

Eure Sternengeschwister, die sich der Liebe und des Lichtes verpflichtet haben, stehen euch bei. Sie kennen den Prozess, den ihr zur Zeit durchmacht, denn auch sie hatten zu ihrer Zeit ähnliche Prozesse zu meistern. Sie verstehen also die Veränderungen, denen ihr momentan ausgesetzt seid und sie stehen euch mit ihrem Rat zur Seite. Eure Prozesse müsst ihr selber lösen, dennoch ist es hilfreich, wenn Geschwister einen bei der Hand nehmen. Dies ist vorerst die Zusammenarbeit mit euren Sternengeschwistern. Später werdet ihr partnerschaftlichen Austausch genießen, denn eure jetzigen Erfahrungen werden von unschätzbarem Wert für die ganze kosmische Lichtfamilie sein. Wie ihr erkennt, seid ihr in einem wichtigen Veränderungsprozess, der alle angeht – mit anderen Worten: Ihr seid ein wichtiger Teil der kosmischen Lichtfamilie. Beginnt zu erkennen, dass ihr Teil dieser Familie seid. Lasst eure Begrenzungen los und geht Hand in Hand mit euren Geschwistern weiter in eurer Entwicklung.

Sternenkommunikation oder der Zusammenhalt der Sternenkonstellationen

Dass Gestirne untereinander in stetem Kontakt sind, erscheint euch wahrscheinlich fraglich. Dennoch besteht ein reger Kontakt zwischen den Gestirnen, sind sie doch energetisch stark voneinander abhängig. Es gibt die Macht der jeweiligen Gravitationskraft eines Gestirns, dann die Gravitationskraft des Zentralgestirns und die Gravitationskraft des Super-Zentralgestirns usw. Vom kleinen Gestirn bis zu Galaxien und Universen, alle drehen um ihren Mutterpunkt oder Zentralpunkt. Eine wunderbare kosmische Energiekommunikation, die alles belebt und nährt. Informationen gelangen so vom Höchsten zum Kleinsten und umgekehrt. Ein göttlicher, familiärer Zusammenhalt. Diese Kommunikation macht natürlich nicht bei den Gestirnen halt, sondern dringt tief in jedes Atom. Die ganze Schöpfung wird somit von einem Zentrum genährt, bis in jedes Atom. Wir sind alle miteinander verbunden im EINEN, unserer Muttergöttin, unserem Vatergott, der Quelle unseres Seins!

Die Quelle sprudelt wie ein Springbrunnen Licht und Liebe in jedes Atom, nährt und informiert die ganze

Schöpfung. Unser Schöpfergott/Schöpfergöttin ist in allem präsent, bis in alle Ewigkeit. Der Urton begleitet euch, schwingt in aller Materie. Er ist die Vibration eurer göttlichen Heimat, eurer Rückbindung an euren Ursprung. Dies ist die Kommunikation, die alles durchdringt und zusammenhält. Die Wahrnehmung dieses Tones hängt mit dem Bewusstseinsgrad eines Wesens zusammen. Durch die Erhöhung der Schwingung wird sich eure DNS entwickeln und euer Bewusstsein Quantensprünge vollziehen. Die Wahrnehmung dieses Urtones wird euch bald bewusst werden und ihr werdet eure Göttlichkeit erkennen und das ganze Spektrum eurer Talente und Begabungen leben.

Die Liebe der Quelle zu den Menschen und der ganzen Schöpfung bringt die göttliche Vibration bis tief in die Materie, belebt sie und unterwirft sie der Evolution. Wir sind alle dieser göttlichen Evolution ergeben und versuchen unseren jeweiligen Weg in diese Richtung zu gehen. Alle Variationen der Schöpfung sind daran beteiligt, ob wir nun in der Polarität, unter dem Gesetz des freien Willens, in der Androgynität oder dem Absoluten dienen. Die Erfahrungen, die wir machen, bringen wir ein in die Quelle, unserem Hort höchster Weisheit und Einheit. Auch wenn wir auf unserem Weg durch die Schöpfung unsere Heimat vergessen, sind wir doch verbunden in Ewigkeit und werden von der heimatlichen Liebe genährt.

Wenn es also Zeiten gibt in eurem Menschenleben, in denen ihr euch verlassen und einsam fühlt, versucht, diese innere Vibration in euch zu spüren, diese Nabelschnur, die euch mit dem oder der EINEN verbindet. Wir alle haben unsere Aufgabe in der Schöpfung, wir alle nehmen daran teil, wo auch immer wir sind und was auch immer wir tun.

Die Tiefe des Universums

Euer Universum hat Dimensionen, die ihr euch nicht vorstellen könnt und doch seid ihr alle nahe zusammen und bildet eine Einheit. Milliarden von Systemen drehen um einen Mutterpunkt, euer Zentrum, in jeder Beziehung. Wie ich schon erwähnt habe, hat jedes Universum seinen Ton und seine Aufgabe in der gesamten göttlichen Evolution. Euer Universum ist geprägt durch die Facette der Liebe, die Mitgefühl heißt. Das Mitgefühl durchdringt das ganze Universum und ist ein Lernprozess für alle ihre Wesen, bis zur höchsten Vollkommenheit. Natürlich werden in allen Universen alle Facetten der Liebe gelebt und vervollkommnet, jedoch hat die jeweilige Aufgabe eines Universums Priorität. Das Universum ist zu vergleichen mit einer Körperschaft, die sich wiederum unterteilt in kleine und kleinste Gruppierungen. Jede dieser Gruppierungen hat ihrerseits ihre Aufgabe für das Ganze. In eurem Sektor geht es um das familiäre Mitgefühl, um das Einander-Helfen in einer Familie, einer Gruppe oder einem Team. Diese Hilfe kann aus diesem Grunde auch aus dem Raum geschehen, da die familiären Bande bis tief ins Universum reichen. Ihr seid also nicht durch die

Erde begrenzt, ihr seid Teil dieser großen kosmischen Familie.

Mächtige Avatare haben im Laufe der Erdevolution die Menschen besucht, um ihnen Licht in die Dunkelheit zu bringen. Das Licht jedes einzelnen Menschen hat sich aber im Laufe der Zeit verstärkt und es sind keine Weltlehrer mehr vonnöten, um den Menschen das Licht zu bringen. Das menschliche Bewusstsein hat jetzt einen Grad erreicht, von welchem aus es selbstständig weiter wachsen und sich an die Lichtquellen anschließen kann, die es benötigt. Der bewusste Mensch ist am Erwachen und wird seine Verantwortung für sich selbst und das Ganze wahrnehmen und tragen. Ein großer Evolutionsschritt manifestiert sich nach und nach. Das neugewonnene Licht wird in all eure Belange einfliessen und das Leben der Menschen verändern. Die gesellschaftlichen und ökonomischen Normen werden sich dem neuen Menschen anpassen. Begrüßt also diese Veränderungen, denn sie werden euch in ein neues Miteinander tragen und euch unterstützen. Wenn der Mensch sich innerlich verändert, müssen sich auch seine Strukturen anpassen. Auf allen Ebenen des Miteinanders wird es Veränderungen geben, Anpassungen an das erwachte Bewusstsein der Menschen. Diese Umwälzungen sind also eine Befreiung. Erlaubt euch, eure Begrenzungen zu lockern, um frei zu werden, neue Strukturen zu erarbeiten, die den Menschen unterstützen.

Die Zyklen der Erde und aller Gestirne sind der kosmischen Evolution unterworfen. Bei eurem Übergang in die fünfte Dimension fängt für die Erde ein neuer Zyklus an. Ein Zyklus, der sich von den vorhergehenden stark unterscheiden wird. Die Erde wird in eine höhere Schwingungsoktave gehoben, was ein Zerfall von alten Strukturen nötig macht, um für neue Paradigmen Platz zu schaffen. Ihr werdet von einer linearen Epoche zu einer nichtlinearen Zukunft wechseln, was euch einige Anpassungen bescheren wird. Diesen Transitionsprozess werdet ihr jedoch Schritt für Schritt vollziehen und auch die dazu benötigten Werkzeuge erhalten. An diesem Prozess ist jeder Mensch beteiligt und jeder Mensch wird sich einbringen können. Große Veränderungen stehen euch also bevor, ihr werdet sie aber mitgestalten und sie werden einem tiefen inneren Bedürfnis entsprechen. Viele Veränderungen haben schon stattgefunden oder sind daran, sich zu manifestieren. Habt Vertrauen in diese Entwicklung und in euch selbst. Ihr werdet euch durch diese Prozesse näher kommen und zu dem werden, was ihr eigentlich schon immer wart. Zu einem Lichtwesen, das einen Teil seines Weges mit der Erde teilt und mit ihr diesen Evolutionsweg geht. Die Erde ist eure Plattform in diesem Prozess, eure nährende Mutter, eure Heimat. In symbiotischer Gemeinschaft mit der Erde werdet ihr euch weiterentwickeln und bewusster Teil der kosmischen Zivilisationen werden.

Eure Weltenlehrer haben euch Licht und Liebe gebracht und euch aufgezeigt, wie ihr das Miteinander auf der Erde gestalten könnt. Sie haben euch in eine Welt außerhalb des Physischen geführt und euch eure Essenz aufgezeigt. Tausende von Jahren habt ihr gelernt, dass es außerhalb des Physischen noch eine geistige Welt gibt, die ebenso real ist. Die neue Zeit wird die geistige und die physische Welt zusammenbringen. Diese Verflechtung wird den Menschen immer bewusster werden und sie werden sie in ihrem Alltag besser integrieren können. Die Sensitivität der Menschen wird sich öffnen und sie werden ihr Leben mit allen Sinnen meistern und auch genießen, weil sie so einen größeren Überblick haben und das Leben ganzheitlich angehen können. Mit der Entwicklung eurer DNS werdet ihr zu ganzheitlichen, göttlichen Wesen. Die Menschen werden sich zu einer höheren Rasse entwickeln, die befreit und voller Verantwortung für sich selbst, sich für die anderen und die Erde einsetzen werden. Wenn der Mensch dieses, sein Potenzial, angenommen hat, wird er sich auch mit kosmischen Zivilisationen verbinden und sich einbringen können.

Die kosmischen Zivilisationen nehmen seit geraumer Zeit Kontakt auf mit den Menschen, und zwar in ganz physischer Form mit den Piktogrammen, die in euren Feldern entstehen. Diese Piktogramme sind nicht nur schöne Bilder, sondern Mitteilungen an die Menschheit und die Erde. Die Entschlüsselung der Bilder sollte nicht nur rational, sondern auch emotional geschehen, denn eure kosmischen Nachbarn sind nicht mehr in einem linearen Status, sondern sie stammen von ganzheitlichen Gesellschaftsformen. Erspürt also die Mitteilungen mit eurem Herzen und stellt sie in den Kontext des Bildes. Durch diese Piktogramme nehmen eure Nachbarn nicht nur Kontakt mit den Menschen auf, sondern sie senden ihre Energie und Information zur Erde selber, um ihr in diesem Transitionsprozess zu helfen. Gesegnet ist also das Land, auf welchem solche Bilder entstehen. Auch wenn das Bild »gemäht« wird, so bleibt doch die energetische Mitteilung dort. Diese Kontaktnahmen bereiten die Menschen langsam auf ihre kosmische Gemeinschaft vor.

Mit den prophezeiten Umwälzungen und Veränderungen wird es für die Bewohner der Erde nicht immer leicht sein, mit der neuen Energie Schritt zu halten. Seid euch aber gewiss, dass die Erde und die Menschheit diesen Dimensionsübergang meistern und die Veränderungen einem neuen Leben auf der Erde Platz machen werden. Altes muss losgelassen und das Neue erarbeitet werden. Dies wird eine gewisse Zeit der Unruhe und des Chaos erzeugen, denn die neuen Strukturen werden nicht sofort verfügbar sein. Die Menschheit wird kurzfristig mit weniger Ressourcen umgehen müssen, doch das wird ihre Kreativität steigern und eine Chance sein für ganz neue Ansätze des Miteinanders. Viele Neuerungen sind bereits im Begriff, sich zu materialisieren, andere werden zu einem späteren Zeitpunkt in Angriff genommen werden. Die Erde selber wird ihre Menschheit unterstützen und es werden fruchtbare Felder entstehen in Ländern, die jetzt stark unter den klimatischen Auswirkungen leiden.

Habt also Vertrauen in diese Zeit der Veränderungen, denn sie wird euch schlussendlich die Fülle bringen, die ihr euch ersehnt. Schreitet vorwärts in einen neuen Erdenzyklus, der die Erde und die Menschheit in eine höhere Dimensionsoktave bringt. Haltet Ausschau auf die großen und kleinen Veränderungen und integriert sie in euer Leben und in eure Gemeinschaft. Arbeitet aktiv an diesem, eurem Wiedergeburtsprozess, und geht bewusst weiter in die fünfte Dimension.

Die Veränderungen, die die Erde und ihre Menschen durchmachen, dienen nicht nur ihnen, sondern all ihren kosmischen Nachbarn. Die Erhöhung der Schwingung der Erde wird sie zum gleichwertigen Glied in dieser kosmischen Kette machen und eine zukünftige Zusammenarbeit begünstigen. Bis jetzt waren die Dimensionsunterschiede zu groß und verhinderten eurerseits die Wahrnehmung anderer kosmischer Zivilisationen. Aber das wird sich bald ändern, denn ihr werdet wissensdurstig den Drang verspüren, mit euren Nachbarn Kontakt aufzunehmen. Dies ist auch der Grund, warum dieses Material gechannelt wird, um euch auf diese Zeit vorzubereiten und eure Begrenzungen bezüglich des Alls zu erweitern.

Viel Neues und Ungewohntes wird auf euch zukommen. Benutzt diese Chance, um euch in jeder Beziehung weiterzuentwickeln und einen erweiterten Gedankenhorizont zu kreieren. Die erhöhte Schwingung, die nun von eurer Sonne auf die Erde gespült wird, wird euch dabei unterstützen und den Erdenmenschen zu einem kosmischen Wesen entwickeln, das in einem größeren Umfeld aufgehoben ist. Eigentlich ist es wie ein Nach-Hause-Finden und wird entsprechende Gefühle in euch auslösen. Ihr werdet kaum verstehen können, dass ihr so lange von euren Nachbarn abgeschnitten wart. Eure Zusammenarbeit wird hoch begrüßt werden, habt ihr doch ein immenses Lernpotenzial in polarer drei- und vierdimensionaler Qualität sowie die Transition in die fünfte Dimension hinter euch.

Das Herz wird in der kommenden Zeit an Bedeutung gewinnen. Ich meine damit das Organ mit seinen Funktionen, aber auch die Herzensqualität im philosophischen Sinne. Das Organ und seine Qualität sind eng miteinander verbunden und unterstützen einander. Eure Herzen wurden in den vergangenen Inkarnationen, aber auch in dieser, von Leid und Kummer geplagt. Diese Narben oder Muster gilt es jetzt aufzulösen und zu transformieren. Verwundert euch also nicht, wenn längst vergangene Erinnerungen in euch wach werden. Schaut diese Problematik nochmals an, versucht zu verstehen und lasst sie los. Denn nur ein befreites Herz wird mit der künftigen hochschwingenden Energie umgehen und sich voll einsetzen können. Das neue Zeitalter basiert auf der Herzensqualität. Das heißt, dass eure Ratio und eure Emotionen sich zur Synthese im Herzen treffen werden. Die Herzensenergie ist das Kommunikationsmittel der Zukunft, ob auf Erden oder im Kosmos. Diesen Herzensenergien könnt ihr voll vertrauen. Sie werden euch mit Gleichgesinnten verbinden. Dieser Austausch wird möglicherweise die einzige Kommunikation sein, die ihr mit Fremden oder Sternengeschwister haben könnt. Also spürt in euer Herz, denn es wird euch gut beraten. Es ist schon möglich, dass ihr dazu noch ein bisschen Training braucht. Fangt also an, eure Umgebung mit dem Herzen zu betrachten und euch auf diese Weise auszutauschen. Ihr werdet merken, dass Worte nur einen Teil ausdrücken können und dass eure normalen Konversationen dagegen kümmerlich sind. Entdeckt diesen Reichtum in euch selbst!

Wie sich das menschliche Bewusstsein im großen Ganzen verhält

Das menschliche Bewusstsein wird in den kommenden Jahren Quantensprünge vollziehen. Die Zeit ist jetzt für den Menschen reif, in größeren Perspektiven zu denken und zu fühlen. Die Menschen werden ungeahnte Potenziale in sich selbst befreien und so ein größeres Verständnis für ihre Belange, die der Erde und des Kosmos, erlangen. Macht euch also auf ein großes Umdenken gefasst. Das Wohlbefinden des Menschen und der Erde werden im Mittelpunkt stehen. Das ökonomische System und eure Gesetze werden dem Menschen angepasst. Das wird weitreichende Anpassungen auf der ganzen Erde erfordern. Die dunklen Mächte werden sich dieser Kraft nicht mehr entgegenstellen können. Die erhöhte Schwingungsenergie der Sonne wird euch unterstützen und Licht wird in die dunkelsten Ecken gelangen und Missbräuche beleuchten. Die Menschenrechte werden oberstes Gebot, im Einklang mit der Erde, erhalten. Die Durchsetzung dieser Rechte wird bereits jetzt vorangetrieben, doch scheitern sie oftmals an dunklen Machenschaften. Die Zeit dieser Missbräuche ist vorbei und wird einer verantwortungsbewussten Klarheit Platz machen. Diese Zeit der Transformation wird relativ kurz sein, viel Staub aufwirbeln, aber neue Strukturen schaffen, die dem Menschen gerecht werden.

Die Anlage des vollumfänglichen oder göttlichen Bewusstseins ist bei jedem Menschen vorhanden. Je nachdem, in welcher Dimension ein Wesen lebt, erfährt das Bewusstsein Einschränkungen und es kann eine höhere Perspektive nicht erkennen. Dies ist auf der Erde mit den Menschen geschehen. Mit dem Übergang von der vierten zur fünften Dimension wird sich das menschliche Bewusstsein erweitern, dank der Entwicklung seiner DNS. Der Mensch befindet sich zur Zeit in dieser wichtigen Transition seiner Evolution. Seine Persönlichkeit, sein ganzes Wesen, wird sich verändern, um seine Kapazität besser umsetzen zu können. Es ist eine Wiedergeburt in eine höhere Schwingungsebene mit den entsprechenden evolutionären Gegebenheiten. Aus diesem Grunde ist es nachvollziehbar, dass gesellschaftliche, ökonomische und religiöse Paradigmen eine Neuorientierung erfahren werden. Diese Entwicklung wird schrittweise, aber doch relativ rasch, erfolgen. Die Menschen werden vermehrt auf sich selber zurückgeworfen werden, denn jeder Einzelne muss diesen Prozess für sich integrieren und eine neue Stabilität erreichen. Diese Zeit ist also mit persönlicher Instabilität und Chaos gekennzeichnet. Stabilität kann jedes Wesen nur in sich selber finden. Dazu muss es sich besser kennenlernen und erneuert, in seiner

Mitte, und sich mit anderen Menschen austauschen. Diese Zeit der Transition ist sicherlich eine sehr anspruchsvolle Zeit für die Menschen der Erde. Die Herausforderungen werden die Menschen aber zu größerer Bewusstheit führen und somit das Leben auf der Erde nachhaltig verändern.

Die menschliche Psyche ist mit dem menschlichen Bewusstsein verwandt. Ein Mensch, der in seiner Mitte ist, der ausgeglichen den Höhen und Tiefen des Lebens begegnet, ist psychisch stabil. Diese Stabilität erlaubt ihm, sich geistig weiterzuentwickeln und sich mit der göttlichen Energie zu verbinden. Diese Energie wiederum ist mit Allem-Was-Ist verbunden, mit der ganzen Schöpfung. Da spielt es keine Rolle, ob er sich mit der Erde, den Menschen oder der ganzen kosmischen Realität verbindet, denn alles ist eins. Diese Kraft oder dieses Einssein überwindet den Raum und die Distanzen untereinander. Auf dieser Ebene können Kontakte zu fernen Sternzivilisationen aufgenommen und gepflegt werden.

Es ist ein Quantensprung vom Außen ins Innere, um mit der Weite des Kosmos vereint zu sein. Möchtet ihr euch weiter in den Raum bewegen, so hat eure Zukunft viel mit Stille, Ruhe und persönlicher Stabilität zu tun. Gleichzeitig wird sich euer Bewusstsein stark entwickeln. Das wiederum wird keinen Stress und Druck mehr zulassen, denn oberstes Gebot wird die Erreichung der inneren Mitte, der persönlichen Stabilität sein. In diesem Zustand lassen sich Probleme und Herausforderungen vielschichtiger angehen und lösen und tragen so zu Frieden und Harmonie auf Erden bei. So werden sich unbefriedigende Lebenssituationen auf der Erde verbessern. Es wird zu dieser Wiedergeburt des neuen Menschen kommen, einem Menschen, der in sich ruht und der nicht vom Außen verschlungen wird. Das Innen und das Außen sind Spiegel. Sie werden euch den Weg aufzeigen. Analysiert was sich im Außen ereignet, damit ihr Rückschlüsse im Innern vollziehen könnt.

Das evolutionäre Ziel eines Lebewesens ist die Entwicklung seines Bewusstseins. Dieses Bewusstsein wird durch die vielen Lebens- und Lernprozesse der Individuen erfahren. Es ist dies eine nachhaltige Arbeit jedes Einzelnen, die ihn seiner göttlichen Natur näherbringt. Lernprozesse, die einem Individuum gestellt werden, präsentieren sich so lange, bis das Anliegen aufgelöst ist. Manchmal werden verschiedene Aspekte dieses Lernprozesses präsentiert, bis alle Schattierungen gemeistert werden. Die vielen Inkarnationen und das Leben selbst sind also Marksteine auf dem Weg eines höheren Bewusstseins. Bei jeder erfolgreichen Auflösung eines Lernprozesses steigt das Bewusstsein einen Schritt weiter ins Göttliche. Das globale, menschliche Bewusstsein hat nun einen Schwingungsgrad erreicht, in dem es neue, höherschwingende Erfahrungen braucht, um in seiner

Evolution weiterzugehen. Durch den Aufstieg in die fünfte Dimension werden die Menschen nun neue Herausforderungen angehen können, die sie auf dieser Evolutionsspirale weiterbringen. Durch dieses höherschwingende Bewusstsein werden die Menschen fähig werden, sich mit anderen Sternenzivilisationen zu verbinden und dadurch neue Lernprozesse kennenlernen. Der Austausch eurer Erfahrungen mit den Erfahrungen eurer Raumbrüder wird für alle ein Lernschritt sein.

Die vielen Verästelungen der Veränderungen und Umstrukturierungen werden die menschliche Gesellschaft stark herausfordern, sie aber von alten und nicht mehr gültigen Ritualen befreien und neuen kreativen Lösungen des menschlichen Miteinanders Raum geben. Trauert also nicht alten Bedingungen nach, sondern begebt euch kraftvoll ins Neuland und macht Gebrauch von eurem erweiterten Bewusstsein. Die Erhöhung der Schwingungsfrequenz wird euer Begleiter sein und euch zu innovativen Projekten führen und ihre Implementierung unterstützen. Mit der Erhöhung der Schwingungsfrequenz wird immer mehr Licht auf die Erde gespült. Die Dunkelheit wird demzufolge weichen und dem Liebevollen mehr Raum gewähren. Öffnet eure Augen und Sinne und beginnt, die positiven Veränderungen zu erkennen. Lasst euch nicht mehr vom Dunkel erschrecken. Gebt ihm keine Nahrung mehr, sondern konzentriert euch auf das Lichtvolle, auf eure Zukunft. Tragt Sorge zu eurem

Körper, damit er die Erhöhung der Schwingungsfrequenz integrieren kann. Mit der Erweiterung eures Bewusstseins werden alle Zellen eures Körpers eine Verjüngung erfahren und so zur besseren Assimilation der erhöhten Schwingung beitragen. Die Erweiterung des menschlichen Bewusstseins hat automatisch Folgen für den menschlichen Körper. So muss euer Körper vielleicht da und dort Anpassungen vornehmen. Hört auf ihn, denn er wird euch die benötigten Signale geben.

Es gibt verschiedene Bewusstseinsstufen, je nach dimensionaler Qualität, in der sich ein Lebewesen aufhält. In jeder Dimension sind spezielle Lernprozesse angezeigt, um den Bewusstheitsgrad eines Wesens zu fördern. Bei eurem Übertritt in die fünfte Dimension werden neue Lernprozesse auf euch zukommen, die euch auf der Evolutionsspirale weiterbringen werden. Beispielsweise werdet ihr die starke polare Qualität der dritten und vierten Dimension überwunden haben und eine ausgeglichene Polarität auf einer höheren Schwingungsebene antreffen, die integriert werden muss. Auch in ganz hochdimensionalen Schwingungsebenen sind die Wesen ihren Lernprozessen unterworfen. Die ganze Schöpfung trägt so zum Wachstum des Ganzen bei, wo auch immer ein Wesen inkarniert ist. Es ist ein wundervoller Reigen, eine gigantische Evolutionsspirale, in der jeder seinen Teil beiträgt. In diesem Universum ist es die Qualität des Mitgefühls, die speziell gefördert wird und in der die meisten

Lernprozesse stattfinden. Jetzt versteht ihr vielleicht, warum außerterrestrische Gesellschaften und geistige Wesen euch in dieser schwierigen Zeit der Transition helfen möchten. Sie sind von der Liebe und dem Mitgefühl für die ganze Schöpfung geleitet. Ihre Hilfe ist bedingungslos.

Bewusstseinsarbeit ist also der Weg jedes Wesens, egal in welcher Dimension er sich befindet. Es ist der Grund der jeweiligen Inkarnation und das Ziel eines jeden Lebens. Aber was ist denn Bewusstseinsarbeit? Eigentlich ist diese Frage leicht beantwortet, verlangt doch diese Arbeit, die Göttlichkeit in das jeweilige Leben zu bringen. Das göttliche Attribut der Liebe zu sich selbst und den anderen, die aus der Mitte eines Wesens fließt. Dies ist sicher leichter gesagt als getan und dadurch erwächst die Arbeit im täglichen Leben, die gestellten Herausforderungen aus dieser Perspektive anzugehen und zu lösen. Dies ist ein kontinuierlicher Prozess für alle Wesen. Durch die Integrationsarbeit eurer Göttlichkeit entwickelt sich euer Bewusstsein und erhöht sich die Schwingung in eurem Körper, da ihr so mehr und mehr Licht in euren Zellen speichert. Ihr entwickelt euch zu solaren Persönlichkeiten, die ihre Umgebung mit ihrem Licht beleuchten und das Dunkle verdrängen. Diese persönliche, göttliche Lichtarbeit wird eure und die Probleme der Erde lösen, denn wo Licht ist, ist auch Klarheit, um neue Wege zu gehen, die dem Ganzen dienen. Wo Licht ist, kann das

Dunkle nicht bestehen, denn seine Machenschaften werden beleuchtet, für alle sichtbar und können so korrigiert werden.

Neuanfänge sind immer schwierig, da das Terrain noch nicht bekannt ist. Wer sich aber schrittweise in neues Gebiet wagt, der wird die Begebenheiten kennenlernen und seine Aktionen konsolidieren können. Alte, überholte Strukturen können nicht wieder lebendig gemacht werden, denn sie passen nicht mehr zum neuen Leben, also bleibt nur der Weg nach vorne offen, um sich entwickeln zu können. In dieser energiegeladenen Zeit gehören Veränderungen zum täglichen Leben. Sie sind die Konstante, die eure Flexibilität und Anpassungsfähigkeit testen wird. Versucht, euer Leben also möglichst einfach und leicht zu gestalten, damit ihr jederzeit bereit seid, in die eine oder andere Richtung zu gehen. Als Metapher möchte ich sagen, dass es sich mit leichtem Gepäck einfacher und bequemer reisen lässt. Neues Leben bringt durch die Veränderungen sicher Instabilität, doch bringt es euch auch neue Informationen, Erfahrungen und Eindrücke, die euch beleben werden. Ich möchte euch Mut zusprechen, Altes, Sperriges loszulassen, um beschwingt einen neuen Lebensabschnitt betreten zu können. Die Hilfen findet ihr in euch selbst. Gönnt euch also Stille und Ruhe, damit ihr eure Bedürfnisse kennenlernt und aus eurer Mitte heraus agieren könnt. Jeder ist sein bester Ratgeber, auch wenn es turbulent zugeht im Außen. Nehmt euch Zeit für euch selbst, damit ihr euren Weg weitergehen könnt, ohne schmerzliche Umwege. Diese zukünftigen Jahre eignen sich hervorragend, euch besser kennenzulernen. Sie werden euch dorthin führen, wo ihr hinwollt, in voller Verantwortung eurer selbst.

Jedes menschliche Wesen wird Veränderungen erfahren und sich ihnen stellen müssen. Große und kleine Herausforderungen bestimmen euren Alltag und weisen euch in neue Lebensrichtungen. Seid also nicht erstaunt, wenn sich euer Umfeld drastisch verändert und Neues auf euch zukommt. Es ist jetzt Zeit, Neues in Angriff zu nehmen und Altes loszulassen. Da dieser Prozess jeden betrifft, könnt ihr einander helfend zur Seite stehen und somit neue Lösungen suchen. Eure Gedanken und Ideen werden sich immer schneller manifestieren. Tragt also Verantwortung für eure Gedankenwelt, denn sowohl positives wie auch negatives Gedankengut wird sich in eurem Leben manifestieren. Die Anpassung an die erhöhte Schwingung muss gelernt werden. Es ist dies ein Zustand, den ihr nicht kennt, aber auf den ihr jetzt schrittweise vorbereitet werdet. Ihr tut gut daran, eure Emotionen zu bändigen und mit eurem Verstand zu verbinden, damit ihr sie in euer Herz bringen könnt. Von eurer Herzebene aus werdet ihr eine friedvolle Ebene erreichen, die euch und eurer Umwelt dient. Diese Anpassung wird euch einigen Zündstoff bescheren, aber euch lehren, diese Verantwortung für eure Gedanken voll zu tragen. Die Manifestation eurer positiven Gedanken und Ideen wird euer Leben enorm unterstützen und euch Erfüllung bringen. Diese Lernprozesse führen euch in die nächsthöhere Dimension.

Die Welten verändern sich kontinuierlich und expandieren in höhere Dimensionen. Euer Sektor der Milchstraße ist im Moment stark davon betroffen. Es ist eine große Bewusstseinswelle, die euch jetzt erfasst und die mehr Licht in diese Region bringt. Ihr steht also nicht alleine da mit euren Veränderungen und Lernprozessen, sondern ihr werdet von euren nachbarlichen Sternengeschwistern in diesem Prozess mitgetragen. Der ganze Sektor wird leichter und feinstofflicher durch die Erhöhung der Schwingung der atomaren Substanz. Durch die Schwingungserhöhung kann das Licht besser einfliessen und die dunklen Teile erhellen. Dadurch brechen Umstände »ans Tageslicht«, die jetzt angegangen und transformiert werden müssen, damit auch sie die Schwingungserhöhung annehmen können. Seid also nicht erstaunt, wenn Negatives publik wird. Nur durch diesen Prozess können diese Umstände angeschaut und bearbeitet werden. Die Häufung von Skandalen und dunklen Machenschaften kommen jetzt ans Tageslicht, werden beleuchtet und haben die Chance, aufgelöst zu werden. Auch wenn ihr meint in der Negativität zu ersticken – dem ist nicht so, denn das Licht hat die Macht übernommen. Konzentriert euch daher auf die lichtvollen Kräfte, so haben die dunklen Mächte keine Überlebenschancen. Sie werden vom Licht aufgelöst und absorbiert und machen einer großen Energiebefreiung Platz, die von allen genutzt werden kann. Das Leben wird zu einem wahren Spielplatz der lichtvollen Kräfte, nehmt es an und genießt es.

Die kosmischen Welten sind untereinander abhängig und so ist auch die Erde in ihren Verbund aufgenommen und hat das ihre an der Evolution beizutragen. Die Bewohner der Erde werden sich nun Schritt für Schritt ihres kosmischen Beitrages bewusst und werden ihre diesbezügliche Verantwortung übernehmen. Jeder Mensch ist ein abgeschlossenes Universum für sich, das sich im Verbund mit seinen Mitmenschen manifestiert. Tragt in erster Linie Sorge für euer eigenes Universum, denn nur so seid ihr in der Lage, mit den anderen aufbauend zu kooperieren. Flächendeckende Bewusstseinsschübe erfassen die Menschen nun und bringen sie in die nächsthöhere Dimension. Eine neue Dimension mit anderen Gesetzmäßigkeiten, denen sich der Mensch anpassen muss. Die Menschen werden diese Veränderungen schrittweise integrieren und sich somit besser anpassen können. Von Jahr zu Jahr werdet ihr bemerken, wie ihr euch verändert und zu was ihr plötzlich fähig werdet. Tiefe innere Anlagen und Talente werden nun an die Oberfläche gespült und euch einen neuen Wirkungskreis ermöglichen. Deshalb ist es so wichtig, dass ihr euch und eurem Körper Sorge tragt, um diese neue Energie zu integrieren, damit ihr euer Potenzial voll ausleben könnt. Die Erde und ihre Bewohner brauchen jetzt innovative Menschen, die ihre Ideen umsetzen können zum Wohle aller. Euch steht viel Arbeit bevor, es wird dies aber eine Arbeit sein, die euch unterstützt und erfüllt. Eure Tätigkeiten im Hier-und-Jetzt werden ohne Druck ausgeübt. Das Wort Stress werdet ihr aus eurem Vokabular streichen können. Liebe, Frieden und Freude werden eure Begleiter sein.

Die Weite des Kosmos ist für eure Augen unermesslich, doch vergesst nicht, dass ihr dies aus eurer 3D- oder 4D-Perspektive seht. Raum und Zeit existieren in höheren Dimensionen kaum. Alles ist Eins und deshalb gibt es keine Überwindung von Zeit und Raum. Dies ist eine der Lektionen, die ihr nach dem Übertritt in die fünfte Dimension lernen werdet und dies wird euer Verständnis revolutionieren. Außerterrestrische Reisen werden also keine Utopie mehr sein. Unternehmungen mit euren Sternengeschwistern werden Realität und einigen wird dies erlauben, mit ihren Sternenwurzeln wieder Kontakt aufzunehmen. Tiefgründige Heimatgefühle werden euch neue Facetten eures Selbst eröffnen und Anlagen und Potenziale in euch aufbrechen lassen. Die Teile eures Selbst werden zusammen kommen und euch zu Ganzheit führen. Euer Verständnis des ALL EINS SEINS wird gelebt werden. Im EINEN gibt es weder Zeit noch Raum, sondern nur das Hier-und-Jetzt. Im Hier-und-Jetzt ist alles vorhanden, eure Geschichte, eure Biographie und eure Zukunft. Euer Mikrokosmos ist eins mit dem Makrokosmos. Alle Begrenzungen lösen sich auf. Die göttliche Energie der Liebe hält alles auf ewig zusammen. Ich, Ashtar Sheran vom Raumkommando, bin Teil von euch, von allen Welten, wie auch ihr Teil des Ganzen seid. Wir sind seit Ewigkeit in Liebe miteinander verbunden. Die Verinnerlichung meiner Worte wird euch bewusstseinsmäßig weiterbringen auf eurem Evolutionsweg. Wir sind alle Brüder und Schwestern im Herrn! Der Quantensprung, der euch bevorsteht, ist die Suche vom Außen ins Innere zu verlagern, denn dort liegen eure Schätze vergraben, in der Weite eures Selbst, eures eigenen Universums. Wie ihr eins seid mit eurem Körper, seid ihr eins mit dem ganzen Kosmos.

Die Bewusstseinsschritte, die ihr momentan bewältigt, sind die Evolutionsschritte, die die Menschen und die Erde derzeit zu vollbringen haben, denn die Erde wird zum Stern und ihre Menschen zu bewussten göttlichen Wesen. Seit Anbeginn wurde die Erde auf diese Wiedergeburt vorbereitet. Viele Menschen halfen ihr und unterstützten ihren Prozess. Gemeinsam werdet ihr nun in eine neue Ära hineingeboren, um kosmisch besser partizipieren zu können. Freut euch auf diese neue Zeit und lasst das Schmerzliche und Dunkle hinter euch. Bewusstseinsbefreiende Wellen werden jetzt von eurer Sonne auf die Erde gespült, die die Erde und ihre Menschen transformieren.

Euer Prozess geht Hand in Hand mit dem Prozess der Erde, denn ihr könnt euch nur mit ihr weiterentwickeln. Sie ist eure Mutter, eure Ernährerin und eure Heimat. Eure Teilnahme an dieser Transition wurde von eurem Seelenselbst gewünscht und ihr wusstet, auf was ihr euch einlasst. Nach und nach wird sich der Schleier, der euch von eurer Erinnerung trennt, auflösen und ihr werdet das ganze Spektrum eurer Entscheide erkennen. Ihr werdet euch an die vielen Inkarnationen auf der Erde erinnern und verstehen, warum ihr diesen Übergang mitgestalten wolltet. Öffnet euch dieser Realität, denn es wird euren Erfahrungshorizont sehr erweitern und ihr werdet aus dem Vollen schöpfen können. Wie gesagt, werden sich in dieser Zeit etliche Quantensprünge in eurer Wahrnehmung vollziehen. Der Weg zu eurer Befreiung.

Menschen mit verschiedenen Bewusstseinsständen leben momentan auf der Erde und es wird nicht jedem gelingen auf dieser erhöhten Bewusstseinswelle mitzureiten. Aber auch diese Menschen haben diese Zeit der Transition ausgesucht, um tiefe Muster loszulassen. Sie nehmen das für sie passende von dieser Bewusstseinswelle und gehen so auf ihrem Evolutionsweg weiter. Jedes Individuum entscheidet selber, was es als Lernprozess annehmen will oder nicht. Manche sind hier nur als

Besucher und werden ihre Erfahrungen in anderen Inkarnationen im Kosmos weitergeben. Der Kern der alten Seelen der Erde wird mit ihr in die neue Dimension übergehen. Gemeinsam werden sie sich unterstützen und ihren Auftrag erfüllen. Die Akzeptanz und das Verständnis für die Wahl jedes Individuums, diesen Planeten zu verlassen, sollte unter diesem Blickwinkel angesehen werden. In einigen Gegenden der Erde wird es immense Veränderungen geben, denn ihre Oberfläche wird sich der neuen Energie anpassen. Dies ist eine große Herausforderung für die Menschen, die in diesen Gegenden wohnen. Es wäre gut, die Erde vermehrt zu spüren und ihre Signale wahrzunehmen. Die gesamte Menschheit wird in diesen kommenden Jahren lernen, ihre Sensibilität in jeder Beziehung zu schulen. Dies gehört auch zum Transitionsprozess in die höhere Dimensionsoktave. Die Befreiung und Schulung aller Sinne, wird euch zur Ganzheit führen.

Wahrnehmung

In der dritten und vierten Dimension ist eure Wahrnehmung auf das Sichtbare beschränkt und nur wenige sehen oder fühlen hinter den Schleier, der andere Dimensionen beherbergt. Alle Dimensionen sind aber im Hier-und-Jetzt gegenwärtig und beeinflussen die Dimension, die ihr kennt. Bis jetzt glaubtet ihr nur, was ihr sehen, anfassen und nachvollziehen konntet in eurer linearen Weltanschau. Diese Zeit geht nun seinem Ende entgegen. Nach und nach unter dem Einfluss der erhöhten Schwingung, die von eurer Sonne stammt, werdet ihr hinter den Schleier blicken. Neue Welten der Wahrnehmung werden euch offenbart, mit denen ihr lernen müsst, umzugehen. Dieser Prozess wird schrittweise erfolgen und euch die Möglichkeit geben, diese neuen Erfahrungen in euch zu integrieren. Nicht jeder Mensch wird sich dieser Aufgabe stellen wollen, bleibt er doch viel lieber bei seinen alten rationalen Einsichten, die ihm bislang Sicherheit gaben. Es ist dies wirklich ein neues Terrain, das ihr betretet, mit seinen eigenen Gesetzmäßigkeiten, die ihr ausloten müsst. Es ist aber eine spannende Herausforderung, aus seinen Gefängnismauern auszubrechen und den multidimensionalen Raum zu betreten. Dieser Raum besitzt weder Raum noch Zeit. Es geschieht alles im Hier-und-Jetzt. Die verschiedensten Sternenzivilisationen werdet ihr in diesem Raum finden und euch mit ihnen verbinden. Der Austausch multidimensionaler Wesen im EINEN. Dieser Quantensprung wird euch erlauben, jenseits des Physischen in den Raum vorzustoßen, um den Kosmos zu erkunden.

Das Wahrnehmen von Dingen und Gegebenheiten wird sich jetzt vertiefen, denn die Menschen werden sich vieler Sachverhalte in ihrem Leben bewusst. Die Zeit der oberflächlichen Fülle ist vorbei. Jeder Mensch wird sich jetzt über seine Konsumgewohnheiten bewusst und fängt an, sich dem Wohle der Erde anzupassen. Ausbeutung der Rohstoffe und der Arbeitnehmenden steht jetzt im Visier und wird das Bewusstsein schärfen. Dieser Prozess wird ein großes Umdenken in der Weltbevölkerung erzeugen und neue Gewohnheiten auf den Plan führen, die dem Menschen und der Erde gerechter werden. Die Liebe und der Respekt zur Erde, eurer Heimat, wird ein noch nie da gewesenes Gefühl der globalen Solidarität unter den Menschen fördern. Die Erde und ihre Anliegen werden Priorität haben. Egoistische Ziele von einzelnen Menschen und Regionen werden immer mehr ins Hintertreffen gelangen und durchschaut werden. Der Dialog zwischen den Ländern wird gefördert und ein Miteinander angestrebt. Kriegerische Auseinandersetzungen werden sich vor dem Wohle der Erde beugen müssen. Das Wohl eures Planeten wird für alle höchste Dringlichkeit haben und die dazu benötigten Mittel eingesetzt werden. Für Waffenarsenale werden immer weniger Mittel zur Verfügung stehen, denn das Wohl der Erde und die Zukunft ihrer Menschen wird höchste Dringlichkeit haben. Dieser Prozess wird die Menschen zusammenführen zu globalen Erdenbürgern. Nur so werden sie sich zu einem späteren Zeitpunkt mit Sternenzivilisationen austauschen können – als wahrhafte Erdmenschen.

Alle eure Sinne stehen euch zur Wahrnehmung zur Verfügung und es werden noch mehr Sinne dazukommen. Eure angelegte Fähigkeit zum Beispiel, hinter den Schleier zu sehen. Da dieser Schleier in der jetzigen Zeit immer dünner wird, werdet ihr lernen, diesen Sinn einzubeziehen. Ihr werdet dadurch von einer höheren Perspektive aus agieren und handeln können und einen größeren Überblick haben. Vergesst nicht, dass ihr euch zur Zeit zu multidimensionalen Wesen entwickelt und dass in euch angelegte Talente und Potenziale jetzt frei werden, um von euch in euren Alltag einbezogen zu werden. Hellfühlig-, Hellhörig- oder Hellsichtigkeit werden für euch nicht mehr inexistent oder utopisch sein, sondern ihr werdet diese Sinne in eure Entschlüsse und Tätigkeiten einfliessen lassen. Dadurch können ganzheitliche Ansätze erarbeitet und umgesetzt werden. Eure Erinnerungen an frühere Inkarnationen, mit dem erarbeiteten Wissen und den diesbezüglichen Fähigkeiten, werden euch wieder zur Verfügung stehen. Die verschiedenen Teile eures Ichs werden bewusst mit euch verschmelzen und euch zur Ganzheit führen. Diese Teile sind nicht nur auf der Erde zu finden, sonder auch im Kosmos. Ihr werdet zu eurem Sternenselbst zurückfinden. Dieses ganze Potenzial werdet ihr hier auf der Erde einsetzen können, zu eurem Wohle und zum Wohle des Ganzen.

Ihr nehmt durch eure Sinne wahr, durch euren Körper, eure Emotionen, eure Augen. Ihr seid wie ein Empfangsgerät, das offen ist. Ihr könnt dieses »Empfangsgerät« natürlich bei Bedarf abschalten, wenn euch die Informationen zu überwältigen drohen. Es ist euer Entscheid, wie ihr eure Wahrnehmung einsetzen wollt. Vergesst aber nicht, dass gerade diese Wahrnehmung euch auch schützen kann vor Gefahr. Es ist also in eurem Interesse, eure Antennen zu gebrauchen, um immer subtilere Informationen zu bekommen. Dieser Lernprozess wird euch helfen, Hürden in eurem Alltag zu überwinden oder zu umschiffen. Diese Wahrnehmung, ausgedehnt in geistige Bereiche, wird euch eine ganzheitlichere Lebensweise ermöglichen und euch in Kontakt mit euren geistigen Führern und Helfern bringen. Eine großartige Hilfe in Zeiten, in denen ihr euch im Außen schwierig zurechtfinden könnt. Lernt, eurer inneren Stimme zu vertrauen, denn sie wird euch führen und euch an euer Ziel bringen. Eure Rückbindung an die Erde wird euch die Gelassenheit und Stabilität geben, um eure innere Stimme besser wahrnehmen zu können. Euer göttliches Selbst erhält so die Möglichkeit, mit euch zu verschmelzen. Als Einheit könnt ihr so euren Weg weitergehen, im vollen Besitze eurer Fähigkeiten.

Euren Alltag bis ins letzte Detail wahrzunehmen und daraus eure Schlüsse zu ziehen und eure Lernprozesse zu begreifen, ist ein schwieriges Unterfangen und doch für euch so wertvoll. Versucht, den Begebenheiten einen tieferen Sinn zu geben, denn so werdet ihr besser verstehen, wohin euch euer Weg führt. Jeder Mensch hat seinen einmaligen Weg zu gehen und doch finden sich immer wieder Gefährten, die diesen Weg ein Stück mit euch gehen, um euch zu unterstützen oder als Spiegel zu dienen. Jeder Weg ist einmalig und wertvoll, auch wenn ihr das von eurer Perspektive aus nicht verstehen könnt. Konzentriert euch also auf euren Weg, denn nur den könnt ihr gehen, und zwar alleine. Es ist dies der Weg zu euch selbst, zu eurer Göttlichkeit, die im ALL EINEN aufgehoben ist. Diese vielen Facetten der Göttlichkeit ruhen in der Quelle alles Seins, der wirklichen Realität. Diese Rückbindung gibt euch Fülle und Ruhe, die in euren Alltag fließen. Das Bewusstsein der Menschen ist im Begriff, diesen Quantensprung zu vollziehen. Der Mensch wird sich seiner Göttlichkeit bewusst und wird so in eine neue Ära der Erde wiedergeboren. Der kosmische Reigen ist jetzt bereit, ihn aufzunehmen, um gemeinsam am Schöpfungsplan mitzuwirken. Willkommen liebe Erdenbewohner, gemeinsam werden wir unseren Weg weitergehen in Lichte des EINEN.

Wichtige Neuerungen eurer Wahrnehmung werdet ihr im Laufe der kommenden Jahre erfahren. Da sich eure DNS weiter entwickelt, wird es auch eure Wahrnehmung tun. Ein breites Spektrum wird sich euch eröffnen. Die feinstofflichen Energien werden für euch sicht- und fühlbar werden. Das wird eure Wahrnehmung stark beeinflussen. Das Erkennen einer Sachlage und die entsprechende Umsetzung von ganzheitlichen Lösungen werden dadurch begünstigt und erleichtert. Traut eurer Wahrnehmung, euren Gefühlen, eurer Sichtweise, denn sie wird zum großartigen Instrument in einer sich verändernden Zukunft.

Da alte Paradigmen ausgedient haben, werden neue Lösungen für anstehende Probleme gesucht werden, ein neues Miteinander ausgelotet und neue Strukturen erarbeitet werden, die dem heutigen Menschen angepasst sind. Eure breitere Wahrnehmung wird euch dabei unterstützen, friedvolle und harmonische Gesetze und Strukturen zu schaffen, die den Menschen unterstützen und fördern. Wenngleich es immer Kräfte geben wird, die am Alten festhalten wollen, so ist doch die menschliche Evolution nicht aufzuhalten, höchstens kann sie ein bisschen verzögert werden. Da das Alte, Bewährte, zusammenbricht, werden auch reaktionäre Kräfte einsehen, dass ein neues Terrain begangen werden muss, um die gesellschaftlichen Bedingungen wieder zu regeln. Diese kreativen Neuerungen sind eine große Chance für die Menschheit, die Wiedergeburt in die fünfte Dimension zu vollziehen. Alte, erstarrte Strukturen haben keine Überlebenschance mehr. Die Menschen werden von ihnen befreit weitergehen können auf ihrem Evolutionsweg. Die neuen Bedingungen werden den Menschen auf diesen Weg führen und ihn in seiner Entwicklung unterstützen.

Bewusst wahrnehmen, tasten, schmecken, fühlen, riechen, sehen. Was für wunderbare Sinne ihr auf der Erde erleben dürft. Genießt diese Attribute in vollen Zügen. Sie gehören zu euch und bringen euch die Fülle. Ihr erlebt euren paradiesischen Planeten, bringt euch mit ihm ein im Kosmos. Die Erde ist eure nährende Mutter, eure Heimat, euer Zuhause. Mit ihr werdet ihr eure Reise weitergehen in multidimensionale Gefilde. Auch wenn euch die starken Veränderungen verunsichern, bleibt mit der Erde verbunden. Sie wird euch stärken und zu Gelassenheit führen. Die Prozesse, die ihr durchlebt, werden von ihr geteilt, denn sie wird in die Multidimensionalität wiedergeboren, in die fünfte Dimension. Auch sie muss sich von alten Schlacken lösen, um erneuert in die neue Ära zu gleiten, wo sie im Verbund mit den anderen Sternen ihren Reigen weiterziehen wird.

Die Dichte der dritten und vierten Dimension löst sich nun auf und ein neuer Weg wird eingeschlagen auf der weitreichenden Evolutionsreise. Mannigfaltig werden die neuen Bedingungen sein und ein tiefgreifendes Lernpotenzial steht vor euch. Der Alltag wird sich verändern. Die neue Energie wird den Menschen und die Erde voll unterstützen. Die Schwere wird durch Leichtigkeit abgelöst. Willkommen im multidimensionalen Raum, eurem Zuhause. Die Trennung ist überwunden, wir sind alle EINS.

Die kosmischen Weiten

Der Kosmos ist so groß, wie ihr ihn euch vorstellt, aber auch so klein wie das Atom. Der Satz »wie oben so unten« stimmt. Eure Wissenschaftler sind daran, dies zu erkennen. Ihr könnt also den Kosmos nach Außen erkunden, sowie nach Innen. Durch eure Gedankenkraft seid ihr fähig, kosmische Reisen zu unternehmen, ihr könnt aber mit derselben Kraft in euren atomaren Bereich reisen. Ihr braucht also keine Ufos, um nach innen zu gehen und auch keine, um nach außen zu gehen. Diese Reisen bedingen eine Konzentration aus eurer Mitte heraus sowie Stille und Ruhe. Dieser Zustand findet ihr, wenn ihr meditiert oder bevor ihr einschlaft. Eure Hirnschwingungen verlangsamen sich. Ihr seid voll präsent im Hier-und-Jetzt und konzentriert euch auf euer Unternehmen. Die Informationen, die ihr durch diese Reisen gewinnen könnt, werden euch verblüffen. Ihr seid das Bindeglied zwischen »oben und unten«. Ihr seid eins mit Allem-Was-Ist und werdet erkennen, dass alles Energie ist, Liebesenergie, die euch unterstützt und trägt. Ihr werdet verstehen, dass wir alle im EINEN ruhen, das wir alle der EINE sind. Wir sind auf ewig verbunden und waren niemals voneinander getrennt. Die bewusstseinsmäßige Entwicklung, die ihr momentan erlebt, wird euch in diesen multidimensionalen Raum bringen und ihr werdet wieder vereint sein mit Allem-Was-Ist. Trennung ist nur eine Frage des Bewusstseinsstandes.

Distanzen sind ein relativer Begriff. In einer linearen Dimension, wie ihr sie momentan auf der Erde habt, bedeuten längere Distanzen oftmals ein Hindernis. In einer nicht linearen Dimension aber, schmelzen die Distanzen. Es ist alles im Hier-und-Jetzt. Ihr könnt dies schon mit eurem Internet erleben. Diese Technik bereitet euch auf neue Wege vor. Diese Sachlage jetzt zu hinterfragen hat keinen Sinn, denn eure Wahrnehmung basiert noch auf der dritten und vierten Dimension. Durch die Erhöhung der Energie, die jetzt auf die Erde gespült wird, werdet ihr schrittweise in neue Domänen hineingeführt und neue Gesetzmäßigkeiten nach und nach erfassen. Ihr müsst euch also von viel Althergebrachtem trennen und Neues, Ungewohntes, kennenlernen. Dies wird euer Leben aber nicht etwa schwieriger gestalten. Nein, im Gegenteil, werdet ihr euren Alltag viel freien erleben. Die Erhöhung der Schwingung auf eurem Planeten wird in jeder Beziehung nachhaltige Veränderungen bringen. Deshalb nennen wir es ja auch die Zeit der Wiedergeburt für die Menschen und die Erde. Diese erhöhte Schwingung muss vom Planeten selbst und von den Menschen bis tief in jedes Atom integriert werden. Ein Unterfangen, das für alle eine Herausforderung darstellt, aber mit dem entsprechenden Engagement durchaus bewältigt werden kann.

Viele grundlegende Änderungen werden wie gesagt auf euch zukommen. Es sind aber Änderungen, die euer Leben vereinfachen und euch eine Expansion eures Bewusstseins ermöglichen. Die erhöhte Schwingung des Planeten Erde und ihrer Menschen bedingt diese Veränderung. Es ist eine Anpassung an die neue Schwingungsoktave, an den Dimensionswechsel. Viele der jetzt inkarnierten Menschen haben diesen Dimensionswechsel in ihrer langen Inkarnationszeit vorbereitet und erfahren jetzt die Krönung ihres Erdenzyklus. Die Vergeistigung der Materie! Viele Menschen, die mit der christlichen Tradition verbunden sind, erwecken jetzt den Christus in sich, daher dass die Qualität der bedingungslosen Liebe auf breiter Ebene in den Herzen erweckt wird. Diese Liebesqualität ist keiner Philosophie oder Religion unterworfen, denn sie ist ein kosmisches Gut, das durch alle Atome der Materie fließt. Sie ist die göttliche Verbindung, die alle Universen zusammenhält, uns zu Sterngeschwistern macht und uns zur Einheit in der göttlichen Schöpfung führt. Wie oben, so unten sind wir alle vereint im göttlichen Liebesspiel, bereit durch unsere Erfahrungen die Einheit zu bereichern und die Evolution vorwärtszutreiben. Jedes Wesen ist in diesem großartigen Reigen eingebunden und leistet das Seine für das Ganze. Jeder »Flügelschlag« eines Wesens beeinflusst den ganzen

Kosmos, bis in die weitesten Weiten und tiefsten Tiefen. Schöpfergötter im Einsatz!

Die verschiedensten Wege führen euch in einen interdimensionalen Zustand. Jeder Mensch wird sich seinen, für ihn geeigneten Weg aussuchen. Voraussetzung ist aber innere Stille, Ruhe und die Abkoppelung des Außen. Eure verschiedenen Philosophien und Religionen zeigen euch einen Weg auf, doch kann er auch ganz individuell gefunden werden. Vergesst nicht, ihr seid Geist in einem irdischen Körper und nur ein Teil eures Geistes ist auf der Erde inkarniert. Die Verschmelzung dieses Teils mit seiner Göttlichkeit ist eine große Sehnsucht, die jeder Mensch verspürt. Die Rückkehr nach Hause, zum EINEN, zur Quelle allen Seins. Die Erhöhung der Schwingungsfrequenz der Erde und ihrer Menschen wird in den Individuen diese Sehnsucht steigern. Die Mystik wird ihren Platz im Alltag erhalten und euer Leben stark beeinflussen. Die Erfahrung der Einheit verändert einen Menschen und sein Umfeld. Seine Prioritäten werden neu gestellt. Durch die Erfahrung der eigenen Göttlichkeit wird der Mensch bewusst sein Leben weiter gestalten, in voller Verantwortung und Respekt seiner selbst, der anderen und der Erde gegenüber, denn wir sind alle eins. Diese Betrachtung beschränkt sich nicht nur auf die Erde, sondern schließt den kosmischen Raum mit ein. Wir sind alle im Hier-und-Jetzt eingebunden und verbunden. Raum und Zeit lösen sich auf!

Weite Weiten, tiefe Tiefen! Das ist alles relativ. Aus eurer linearen Sicht schwierig zu verstehen. Die nächsthöhere Schwingungsoktave bringt euch die multidimensionale Wirklichkeit. Eine Realität, die sich von eurer bisherigen stark unterscheidet. Nach und nach werden die linearen Strukturen abgelöst werden, entsprechend der Schwingungsfrequenz, in welcher sich die Erde befindet. Die linearen Strukturen werden keine Überlebenschance mehr haben und neue Paradigmen erarbeitet werden müssen. Sicher eine Zeit der Ratlosigkeit und des Chaos! Versucht in dieser Zeit, vermehrt die Innenschau zu pflegen, denn von dort bekommt ihr neue Impulse, wenn im Außen das Gewohnte zusammenbricht. Diese Reise nach innen, zu eurem Potenzial und euren Talenten, wird euch stärken und kreativen Lösungen Gestalt geben. Seid zuversichtlich und begrüßt diesen Paradigmenwechsel, denn er wird die Menschen und die Erde in ihrer Evolution fördern. Ungeahnte Kräfte und Talente werden in euch freigelegt, zu euren Gunsten und denen der Erde. Durch die Entfaltung eurer DNS werdet ihr euer volles Potenzial leben können und alle Informationen erhalten, die ihr benötigt. Die Menschen kehren zurück nach Hause, zu sich selbst, zu ihrer wirklichen Bestimmung, in voller Autorität und Macht ihrer selbst. Die erhöhten Lichtfrequenzen bringen euch wieder die Liebe auf den Planeten, bis in jedes Atom. Diese Lichtpartikel vereinen uns im EINEN. Wir sind alle Träger dieses Lichtes und der Liebe.

Die vielen Veränderungen der jetzigen Zeit sind ein Segen für die Erde und ihre Menschen. Vertraut diesem Prozess und gebt euch ihm hin, denn nur so werdet ihr unbeschadet diese Transitionszeit überstehen. Eine großartige Chance für alle, damit meine ich nicht nur die Erde und ihre Menschen, sondern die ganze Galaxis und euer Universum. Was auf der Erde in dieser Zeit vollbracht wird, hat Auswirkungen auf das Ganze. Deshalb ist es für uns so wichtig, wie ihr euch verhaltet und dies ist auch der Grund, warum so viele außerirdische Wesenheiten euch jetzt helfen möchten. Die Informationen, die ihr jetzt bekommt, betreffen also nicht nur euch, sondern dienen dem Ganzen. Die ganze kosmische Familie rückt wieder näher. Es ist, als ob eine verlorene Tochter wieder in die Familie aufgenommen werden würde. Die Erde und ihre Menschen gehörten schon immer zur Familie, nur war diese Verbindung den Menschen nicht bewusst. Dies ändert sich in dieser Zeit und die Menschen werden sich wieder im großen Ganzen aufgehoben fühlen. Die Trennung ist vorbei. Wir heißen euch willkommen und sind sehr glücklich, euch wieder in die Arme zu schließen. Großes steht der Erde und ihren Bewohnern bevor. Eine außerordentlich schöpferische Zeitspanne. Vertraut dieser neuen Energie, damit die Fülle Wirklichkeit werde für jeden Einzelnen und für die Erde.

Mit Anstrengung, aber auch mit Leichtigkeit wird euer neues Potenzial aus euren Tiefen herausgeschält werden.

Es ist, wie wenn längst verschlossene Schubladen sich jetzt öffnen. Die Zeit ist reif. Sie wird euch näher an euch zurückbinden und Erinnerungen vergessener Inkarnationen wachrufen. Dies wird den Globalisierungsaspekt der Menschen fördern, denn ihr hattet in allen Erdteilen, in allen Rassen und in allen Gesellschaftsschichten Inkarnationen. Das Elitedenken wird in sich zusammenfallen und enormer Toleranz Platz machen. Die Menschen werden miteinander das Leben auf der neuen Erde gestalten, mit Respekt und Verantwortung. Das Bewusstsein der Menschen wird ihnen den zukünftigen Weg weisen. Auch wenn Entbehrungen zu durchstehen sind, werden sie wissen, warum und wohin es sie führt. Die Menschen werden mit der Erde als Einheit erwachen in die nächste Dimension, in vollem Bewusstsein, wer sie sind. Die Talente, die in diesem langen Inkarnationszyklus erarbeitet wurden, werden euch wieder zur Verfügung stehen. Die Trennung von Himmel und Erde wird aufgelöst. Ihr steht im Hier-und-Jetzt mit einer ganzheitlichen Sicht und Perspektive. Manches Leben wird vollständig umgekrempelt werden, weil sich die persönlichen Bedürfnisse und Schwerpunkte verändern. Hört auf euer Innerstes und geht euren einmaligen Weg. Vertraut euch selbst, dann seid ihr gut beraten. Einige Menschen werden diese Prozesse bereits in der Transitionsphase erleben, weil sie schneller auf die erhöhte Energie reagieren. In der fünften Dimension jedoch wird sich jeder sich selbst stellen müssen und die Ganzheit integrieren.

Mit vielen Umleitungen, Auf und Abs, werdet ihr euer Ziel erreichen. Wenn ihr aber begreift, warum Veränderungen notwendig sind, werdet ihr euer Ziel schneller erreichen und unnötige Umwege vermeiden. Der direkte Weg verbraucht viel weniger Energie. Lasst euch also von dieser erhöhten Schwingung führen und vertraut euch selbst. Wie bereits erwähnt, habt ihr diese Transitionszeit ausgewählt, um euch selbst und der Erde auf diesem Evolutionsweg zu dienen. Diese Zeit des Übergangs in eine höhere Schwingungsoktave ist eine außerordentliche Chance, ganz spezifische Lernprozesse und Erfahrungen zu erleben. Dieser Erfahrungsschatz wird euch und das Ganze bereichern. Geht also tapfer diesen Weg ins Licht weiter. Ihr erweist so der Erde und den Menschen den Dienst, für den ihr euch zu Beginn des Erdeninkarnationszyklus verpflichtet habt. Eure Mission auf der Erde ist bald vollendet. Die Wahl, ob ihr wieder auf der Erde inkarnieren möchtet, wird bei euch liegen. Ihr habt während euren Inkarnationen viel Schönes, aber auch viel Leid erfahren. Durch euren tatkräftigen Einsatz sind die Erde und ihre Menschen nun bereit in eine höhere Oktave aufzusteigen. Ein Gefühl der Genugtuung und grenzenloser Liebe wird euch ergreifen. Vielleicht werdet ihr wieder auf der Erde inkarnieren, um die Früchte eurer Arbeit zu ernten. Die liebevolle Verbundenheit mit Gaia wird euch auf eurem weiteren Evolutionsweg begleiten.

Zum Schluss noch einige Tipps, wie ihr eurem erwachten Bewusstsein körperlich begegnen könnt. Die erhöhte Energie, die jetzt auf die Erde gespült wird, dringt wie gesagt in jede Zelle, jedes Atom der Materie. Euer Körper muss sich also dieser Energie anpassen. Alte, überholte psychische Muster werden jetzt gelöst, das heißt, ihre Schlacken müssen von euren Zellen abtransportiert und befreit werden. Das kann durchaus Schweregefühle im Körper auslösen oder Unpässlichkeit. Es ist deshalb in dieser transformationsreichen Zeit sehr ratsam, besonders auf eure Ernährung zu achten, um euren Körper bei dieser Arbeit zu unterstützen. Einer ballaststoff- und vitaminreichen Nahrung ist der Vorzug zu geben. Entschlackungskuren, Massagen und dergleichen sind ebenfalls hilfreich. Jeder Organismus hat seine Vorlieben! Also hört auf euren Körper, damit die Rückstände eurer psychischen Transformationen abtransportiert werden können und ihr in eurem Körper befreit weitergehen könnt. Bewusstseinsmäßige Entfaltung hat immer auch Auswirkungen auf eure Physis. Ihr seid Geist in der Materie und beide werden jetzt eine höhere Oktave erklimmen. Die anstehenden Veränderungen in eurem Körper werden euch zu einem multidimensionalen Wesen heranreifen lassen. Ihr betretet eine vergeistigte Ära, eine vom Geist durchdrungene Materie. Tragt also Sorge zu eurem Körper, eurem Tempel und gibt ihm, was er braucht. Bald wird sich die Trennung von Körper und Geist auflösen. Ihr werdet wandelnde Tempel eurer Göttlichkeit.

Ufos und Mutterschiffe

Wenn ihr an außerirdische Wesen denkt, nehmt ihr automatisch an, dass diese sich in Flugobjekten bewegen, wie ihr das tut, wenn ihr größere Distanzen zurücklegt. Dies ist nur teilweise richtig. Außerirdische Wesen mit niedrigem Bewusstseinsstand bewegen sich immer in Flugobjekten mit entsprechender Dichte der Materie. Wesen höherer Schwingungsdichte mit dem entsprechenden Bewusstseinsstand sind jedoch fähig, sich energetisch überall im Kosmos zu bewegen, ohne dass sie ein Flugobjekt benützen müssen. Eure Nachbarn bewegen sich noch mit Flugobjekten, obwohl sie bewusstseinsmäßig der Erde überlegen sind. Je höher eine Zivilisation geistig entwickelt ist, desto vergeistigter ist auch die Materie, die sie braucht. Für das menschliche Auge ist es sehr schwierig, ein solches Flugobjekt zu sehen, weil es in einer anderen Dimension beheimatet ist. Mutterschiffe, die Heimat solcher Flugobjekte, verweilen jedoch im Kosmos und sind sozusagen Anker und Hafen für eine Expedition. Ein Mutterschiff ist eine Ballung von Energie, die für kosmische Reisen von großer Bedeutung ist, da die Reisenden oftmals von sehr entlegenen Orten des Universums stammen. Diese Mutterschiffe geben ihnen ein Zuhause und eine Plattform, um das Universum zu erkunden. Ein dichterer Körper ist auf solche Schiffe angewiesen. Sie sind sein Schutz und seine Regenerationsmöglichkeit.

Mutterschiffe können eine beachtliche Größe erreichen. Sie sind wie kleine Gestirne, die aber navigierbar sind. So ein Mutterschiff hat eine sehr hohe Schwingung und ist deshalb außerhalb der Sicht eines drei- oder vierdimensionalen Auges.

Mutterschiffe sind Plattformen, von welchen aus kleine Schiffe ihre Erkundungsflüge unternehmen. Auch diese kleineren Schiffe sind für euch nicht sichtbar, obwohl sie durchaus auch in eure Atmosphäre eintreten. So ein Mutterschiff kann für sehr lange Zeit Heimat für die Besatzung sein. Aus diesem Grund ist es reichlich mit allem gewünschten ausgestattet, beispielsweise großzügige Häuser, Gärten, Wasserspiele, etc. Da die Besatzungen aus vielen verschiedenen Gestirnen stammen, manifestieren sie ein Stück ihrer Heimat, um sich wohl und zuhause zu fühlen. Wenn ihr so ein Mutterschiff betreten würdet, so könntet ihr kaum glauben, dass es kein natürliches Gestirn ist. Diese großen Schiffe des Lichtes patrouillieren im Kosmos und ihre Besatzung hilft Zivilisationen auf ihrem Weg ins Licht. Sie sind Evolutionshelfer, die seit längerer Zeit die Erde und ihre Menschen genau beobachten. Die Kräfte des Lichts sind sehr gut informiert, welche Probleme die Erde und die Menschen haben. Ein Eingriff ihrerseits würde nur im äußersten Notfall geschehen, wenn die Menschen beispielsweise die Erde aus ihrer Bahn werfen würden oder wenn das Überleben der Erde bedroht wäre.

Größere und kleinere Schiffe sind momentan in diesem Sektor der Milchstraße unterwegs. Sie beobachten die Geschicke eures Sonnensystems sehr genau und helfen euch energetisch in dieser Zeit des Aufstiegs. Die Liebe zur Erde und der Menschheit veranlasst sie, euch zu schützen und euch beizustehen. Die Wesenheiten dieser Schiffe stammen von eurer Milchstraße. Sie sind Abgeordnete des universalen Rates, die den Evolutionssprung in diesem Sektor leiten und begleiten. Sie sind das Raumkommando des Lichtes und arbeiten eng mit eurer geistigen Hierarchie und euren Engeln und Erzengeln zusammen. Ihr Auftrag ist, euch von dunklen Raummächten zu schützen, damit ihr euren eigenen Prozess leben und eure eigene Anpassung an die erhöhte Energie bewerkstelligen könnt, ohne negative außerirdische Manipulation. Die orbitalen Bewegungen, die Gravitationen und die Erdachse der Erde sind ständig unter ihrer Kontrolle. Ihr habt im Moment genug mit euren Lebensbedingungen zu tun. Die Integration der erhöhten Energie und eure private Meisterschaft sind die Anliegen, die ihr jetzt bewältigen müsst.

Fliegende Objekte, die nicht von der Erde stammen, beflügeln eure Fantasie. Existieren sie oder nicht? Viele Menschen haben bereits solche Ufos gesehen und waren sich nachher nicht sicher, weil sie sich in diesem Moment in einer Art Trance befanden. Diese fliegenden Objekte befinden sich wie gesagt in einer anderen Dimension. Es kann schon vorkommen, dass Menschen für eine Weile durch den Schleier sehen können und dann solche Objekte sehen. Aber auch, wenn ihr sie nicht seht, so existieren sie doch. Sie schwingen in einer Frequenz, die das menschliche Auge noch nicht wahrnimmt. Fliegende Objekte oder sogenannte Shuttles, die von Mutterschiffen stammen, besuchen die Erde öfters, um mit ihr direkten Kontakt zu haben. Es ist nicht beabsichtigt, Menschen zu kontaktieren und zu erschrecken. Diejenigen Menschen, die wirklichen Kontakt hatten, wurden darauf vorbereitet und es geschah mit ihrer Einwilligung. Objekte von Mächten, die sich nicht dem Licht angeschlossen haben, werden nach und nach den Planeten Erde meiden, da sich die Schwingung der Erde nicht mehr für ihre Besuche eignet. Der beste Schutz, den ihr vor ungebetenen Gästen aus dem All habt, ist die Steigerung eures Bewusstseinsstandes. Eure momentanen Veränderungen, bedingt durch die Erhöhung der Energie, werden euch diesen Schutz gewähren und nur noch Gäste des Lichtes zulassen.

Flüge im All oder sagen wir lieber Fließen im All, kann nicht mit euren Flugbewegungen verglichen werden. Wir reisen mit den Strömungen, die sich durch die verschiedenen Gravitationen der Gestirne ergeben. Das heißt, dass unsere Schiffe praktisch keine Eigenenergie brauchen. Unsere Schiffe »parken« in praktisch stromlosen Gegenden und erarbeiten um sich einen neuen Gravitationsraum. Dieser erlaubt den Shuttles wiederum ohne viel Eigenenergie zum Mutterschiff zurückzufinden. Die Flug- oder Fließbewegungen unterliegen auch anderen Gesetzen und sind nicht vergleichbar mit denen eurer Flugzeuge. Manche Technologie werdet ihr also erarbeiten und lernen müssen. Doch vergesst nicht, dass die Erde selber durch die erhöhte Schwingung ebenfalls neuen Paradigmen ausgesetzt sein wird, die ihr zuerst integrieren müsst. Dieser Prozess wird euch aber den Konditionen im All näher bringen und eure Bewegungen auf der Erde vereinfachen. Diese Veränderungen werden bis ins Alltagsleben greifen und euch das Dasein hier auf Erden erleichtern. Durch die erhöhte Schwingung werden auf einmal utopische Konzepte realisierbar werden, immer im Einklang mit der Erde und den Menschen. Die Erhöhung der Schwingung geschieht schrittweise und ihr werdet euch so besser anpassen und euch auf diese neue Energie einstellen können. Dies ist ein Prozess, der schon seit einigen Jahren wirkt, sich jetzt aber gegen das Ende des Aufstiegs steigert. Jeder Mensch ist davon betroffen und wird sich dieser Veränderung bewusst.

Unsere Schiffe sind von höchster Energie. Sie sind wie ein Diamant, der in alle Richtungen strahlt, aus sich selbst heraus. Das Licht gibt ihm diese Strahlung. Die Wesen, die in diesen Schiffen auf Mission sind, haben dieses Licht, diese Liebe, ebenfalls integriert. Sie sind Schutzschilder gegen das Dunkle. Ihr Weg transformiert die Regionen, die sie bereisen, denn wo Licht ist, kann das Dunkle nicht bestehen. Wir sind seit längerer Zeit in eurem Sonnensystem stationiert und unterstützen die Evolution in diesem Sektor, denn die Zeit ist nun reif, dass ihr zu eurem Potenzial erwacht; dass ihr werdet, wer ihr schon von Anbeginn an wart. Die Liebe zu Allem-Was-Ist beginnt die Erde zu umarmen, die wirkliche Essenz des Seins. Die Herzensenergie ist die Energie der Zukunft. Eure physischen Herzen werden jetzt dieser Frequenz angepasst. Alte Verletzungen werden transformiert, damit euer physisches Herz in der Lage ist, diese wunderbare Energie aufzunehmen und zu verströmen. Ein liebendes Herz ist erfüllt von Mitgefühl und kann sich nicht an negativen, zerstörerischen Aktionen beteiligen. Eure Gesellschaft wird sich aus sich heraus mit dieser Liebesenergie verändern und dem Leben auf eurem Planeten ersten Priorität schenken. Die Erde und die Natur werden ihre Verbündeten, denn ihr seid eins. Die Illusion der Trennung wird erlöst. So schreitet voran ins Licht. Eure Strahlung wird bis tief ins All leuchten!

Aus den Tiefen des Universums reisen Gesandte in eure Region, um den Dimensionsprozess zu beobachten und eure Lernerfahrungen zu dokumentieren. Was sich momentan auf der Erde und in diesem Sonnensystem ereignet, findet universelles Interesse. Ihr werdet also nicht alleine gelassen in dieser herausfordernden Zeit, sondern seid von vielen Zivilisationen begleitet. Sie helfen euch als eine Art Geburtshelfer mit ihrer hohen Energie, ihrem Verständnis und ihrem Mitgefühl. Die Götter, wie ihr sie früher nanntet, sind nahe bei euch. Die Zeit der Trennung ist bald vorbei und eure Götter werden sich in Sternengeschwister wandeln. Ihr werdet euch wieder erinnern, wer ihr seid und den Grund eurer Erdeninkarnationen erkennen. Die Schleier der Trennung werden jetzt dünner und euch ab und zu Einblicke in eine größere Realität gestatten. Dieser Prozess wird schrittweise erfolgen, damit eure Psyche diese neue Information integrieren kann. Die Entwicklung der Herzensqualität muss noch fortschreiten, damit ihr diese Offenbarung ganzheitlich integrieren könnt. Es stehen euch noch einige Transformationen bevor, damit sich die Himmel mit der Erde und ihren Bewohnern verbinden können.

Die Liebe eurer planetarischen Umgebung erfasst euch und wird euch in euren Transformationen unterstützen und den Menschen Klarheit auf ihrem Weg bringen. Klarheit, die ihr dringend braucht und die euch zusteht. Ihr seid jetzt reif, das größere Bild zu erfassen. Zu verstehen, in welchem kosmischen Ganzen ihr eingebettet seid und Verantwortung für euren Teil zu tragen; euren persönlichen, den globalen und den für die Erde. Die Erde wird es euch mit ihrer Unterstützung danken, aber auch sie hat vorerst größere Transformationen durchzustehen, um in die neue Ära wiedergeboren zu werden. Versucht, ihre Veränderungen aus diesem Blickwinkel zu verstehen und unterstützt sie in ihrer Transformation. Es wird euch nicht leicht fallen mit größeren geologischen Veränderungen klarzukommen, besonders wenn ihr davon betroffen seid. Versucht aber, das größere Bild zu sehen und euch entsprechend einzustellen. Viel Flexibilität wird in naher Zukunft von euch verlangt werden, um die Strapazen besser zu bewältigen. Nehmt intuitiv Kontakt zu Mutter Erde auf, sie wird euch informieren und leiten, denn sie möchte eigentlich die Menschen beschützen, doch auch sie muss ihre Prozesse durchleben, damit ihr gemeinsam die neue Schwingungsoktave erreicht. Gaia, eure liebe Heimat und Verbündete, wird ihren wiedergefundenen Platz im kosmischen Reigen einnehmen und ihre Schönheit wird erneut erstrahlen.

Besuche aus dem All und Reisen ins All werden in nicht so weiter Ferne für euch selbstverständlich sein. Die neuen heranwachsenden Generationen tragen ihr multidimensionales Potenzial bereits in sich und werden es einsetzen können. Für die erwachsene Menschheit bringt dieser Evolutionsschritt Anpassungen, die ihr meistern werdet. Ihr seid nicht mehr wie damals bei der Entdeckung Amerikas Eroberer. Nein, diesmal wird es eine Wiedereingliederung eurer Zivilisation mit Außerterrestrischen sein. Ihr werdet ihre Hilfe brauchen bei euren ersten scheuen Schritten außerhalb der Erde. Sie werden euch sozusagen bei der Hand nehmen und führen. Expeditionen ins All werden erst durchführbar werden, wenn sich die Menschheit innerlich stabilisiert hat und auf der Erde Harmonie und Frieden herrscht. Dies sind Voraussetzungen einer Menschheit, die erwachsen geworden ist und gelernt hat, Verantwortung zu übernehmen. Diese Qualitäten werden euch nicht geschenkt. Sie sind Teil eurer Bewusstseinsarbeit, die ihr momentan zu bestehen habt. Friedensbemühungen globaler und privater Natur sind eure derzeitigen Herausforderungen. Die Harmonisierung der Polaritäten, die durch die beschleunigte Energie entsteht, wird euch dabei helfen. Versucht, in diesen Polaritäten einen Konsens auf höherer Ebene zu finden. Wir nennen dies eine Triangulation. Es ist wie bei einem Dreieck. Unten sind die Polaritätspunkte und oben, in der Mitte, der Punkt des Konsenses. Dieser Punkt wird durch beidseitige Transformation und kreativer Lösung des Problems erreicht.

Ufos, Mutterschiffe, Kosmos. Dies alles seht ihr als getrennt von eurem Dasein auf Erden. Trennung wird die große Überwindung und Transformation sein, die ihr in den nächsten Jahren erfahren werdet. Alles ist mit allem verbunden! Trennung existiert nur in eurer drei- und vierdimensionalen Wahrnehmung. Wenn ihr Verantwortung für euch selber übernehmt, so seid ihr gleichzeitig in Verantwortung für das Ganze – Grenzen sind eine Illusion. Wie ihr Menschen für das Wohl der ganzen Erde verantwortlich seid, seid ihr es auch im kosmischen Sinne. Wenn ihr die Erde zerstört, wird das unweigerlich Auswirkungen für den ganzen Kosmos haben. Wenn eine Region verantwortungslos mit der Erde umgeht, ist die ganze Menschheit davon betroffen. Dieses Verständnis wird jetzt in euch reifen und zu einem globalen Bewusstsein führen. Eine Zelle in eurem Körper, die eigene Wege geht, die sich dem Ganzen nicht mehr verpflichtet fühlt, schädigt den ganzen Körper. Die Krebserkrankungen in eurer Gesellschaft dienen euch als Spiegel eures Verhaltens. Die Rückkehr zur Einheit wird euch und die Erde heilen. Viele Grenzen werden durchbrochen werden müssen, viele Schranken zerstört werden, um in Freiheit weitergehen zu können. Eine Freiheit, die im Interesse und zum Wohle des Ganzen erarbeitet wird.

Wachstumsphase

Seit langem ist die Erde in einem linearen, dreidimensionalen, polaren Zyklus, der ihre Zivilisationen vom übrigen Kosmos trennt. In diesem Zyklus lebten immer Menschen, die trotz allem Kontakt zu den Himmeln hatten. Dies waren hauptsächlich eingeborene Stämme der verschiedenen Kontinente. In ihren überlieferten Geschichten erzählen sie noch heute von ihren Kontakten zu kosmischen Welten. Eure rationale Gesellschaft belächelt ihre Mythologie und doch werdet ihr feststellen, dass sich die alten Völker der Erde den Durchblick bewahren konnten. Bald werden auch die rationalen Menschen merken, dass die alten Völker recht hatten. Dass dies ein großes Umdenken erforderlich macht, ist euch sicher klar. Die alten Völker werden euch helfen, mit Mutter Erde achtsam umzugehen, und euch die Himmel näherbringen. Sie sind unsere Vertreter auf Erden. Sie sind auch jetzt noch mit ihren Sternenwurzeln verbunden und haben deshalb eine übergeordnete Sicht, wie der Mensch mit der Erde und der Natur umgehen müsste. Es wäre klug, wenn ihr euch mit ihrer Mythologie und ihren Geschichten befassen würdet, denn sie sind eine gute

Vorbereitung für einen Übertritt in die höhere Schwingungsoktave.

Während eurer ganzen Lebenszeit hier auf Erden habt ihr immer wieder intensivere Wachstumsphasen, in welchen ihr Altes loslassen müsst, um Neues zu integrieren. Dies ist Teil einer Inkarnation, denn ihr kommt auf die Erde, um gewisse Lernprozesse zu absolvieren. In dieser Zeit des Aufstiegs in die höhere Schwingungsoktave werden sich eure Wachstumsprozesse drastisch intensivieren. Ihr wusstet auf der Seelenebene um diese Intensität und habt euer Einverständnis dazu gegeben. Eine Seele musste in früheren Inkarnationen ein ganzes Leben zur Verfügung stellen, um eine jetzige Wachstumsphase von ca. zehn Jahren zu erleben. Es ist, wie wenn ihr jetzt in einer Inkarnation viele Leben bewältigen würdet. Dies ist eine einmalige Chance für eine Seele und dies ist auch der Grund, warum momentan so viele Menschen auf der Erde leben. Betrachtet es als Privileg, jetzt auf der Erde zu leben und begrüßt eure Wachstumsprozesse. Die neuen Perspektiven, die sich euch dadurch eröffnen, werden euch reichlich entschädigen. Euer wahres Selbst wird aus den alten Mustern herausgeschält und wird in eine neue Dimension der Fülle geboren. Ihr werdet nach und nach erkennen, wer ihr wirklich seid. Willkommen zuhause!

Wachstumsphasen ereignen sich normalerweise bei jedem Menschen zyklisch. In der jetzigen Zeit sind sie jedoch während der Transition für alle angezeigt, denn ihr müsst viel Altes transformieren, damit ihr die neue Energie integrieren könnt. Seid also nicht erstaunt, wenn sich in eurer Umgebung jeder mehr oder weniger damit auseinandersetzen muss. Dies hat mit dieser beschleunigten Energie zu tun, die euch schlussendlich in die fünfte Dimension führt. Therapeuten jeder Gattung werden in den kommenden Jahren alle Hände voll zu tun haben, um die Menschen in ihrer Transformation zu begleiten und zu unterstützen. Macht davon Gebrauch, denn manchmal kann es sehr hilfreich sein, wenn man an die Hand genommen wird. Natürlich müsst ihr eure Transformation selber lösen und eure Macht an euch nehmen. Dennoch ist der Austausch in schwierigen Zeiten von großem Wert. Ihr werdet merken, dass ihr in eurem Prozess nicht alleine seid, sondern, dass viele andere Menschen ebenfalls in ihrer Wachstumsphase stecken. Diese Phase wird euch stark verändern und mithelfen, alte Paradigmen aufzulösen. Der alte Mensch verändert sich, zugunsten seiner neuen Identität. Eine innere Befreiung wird die Menschen ergreifen und ihnen erlauben, ganz neue Lösungsansätze für ihr Leben und ihre Gesellschaft zu finden. Eine tiefgreifende Heilung, eine Rückbindung an sich selbst, wird den Menschen die Kraft geben, diese Transitionszeit durchzustehen.

Auch wenn die jetzigen und die kommenden Jahre schwierig sind, bringen sie euch doch Erfüllung und Genugtuung. Sich selber zu spüren, mit sich selbst in Einklang zu sein, sind die Wege zum Glück. Stürme im Außen vermögen dann nicht mehr, euch komplett aus dem Konzept zu bringen. Im Gegenteil werdet ihr so fähig, der Erde und den Menschen besser zu dienen. Ihr werdet wie Regenerationssäulen oder eben Leuchttürme, die den Menschen ihren weiteren Weg weisen. Denn das Licht und die Ruhe, die ihr ausstrahlt, sind die besten Werkzeuge für eure Umgebung, ihren eigenen Weg, ihre eigene Ruhe, zu finden. Jeder Mensch muss aus sich heraus seinen eigenen Weg finden und gehen. Deshalb sind Vorbilder in dieser unruhigen Zeit wertvoll. Ich betone Vorbilder, nicht Führer. Die Zeit der Gurus ist vorbei. Jetzt ist jeder sein eigener Guru, denn jeder hat eine eigene Biografie und seine eigene ganz persönliche Zukunft. Austauschmöglichkeiten können wertvoll sein. Doch was für den Einen stimmt, muss für den Anderen nicht auch wichtig sein. Ihr sagt ja so schön »es führen verschiedene Wege nach Rom«. Verinnerlicht das, denn alles andere wäre Manipulation. Die neue Zeit kennt diese Gängelung nicht mehr, denn jeder übernimmt Verantwortung für sich selbst. Eine absolut neue Ära.

Wachstumsphasen im Leben, die intensiv und schwierig sind, wechseln auch immer wieder mit Zeiten ab, in denen alles einfacher und sorglos abläuft. Diese Zeiten braucht ihr zur Integration und Stärkung. Auch wenn diese Phasen in Zukunft kürzer sind, nehmt sie bewusst wahr und regeneriert euch, um wieder gewappnet an neue Aufgaben zu gehen. Die Erde ihrerseits wird nach heftigen Veränderungen immer wieder ruhen. Auch wenn Prozesse im tiefen Innern bei den Menschen und bei der Erde weitergeführt werden, so manifestieren sie sich im Außen nach einer »Ruhephase«. Die geologischen Veränderungen sind langatmig und brauchen ihre Zeit der Vorbereitung, bevor sie ans Tageslicht treten. Eure Wissenschaftler könnten so mit den entsprechenden Messungen und Beobachtungen größere Erdveränderungen vorhersagen, ähnlich wie es eure meteorologischen Dienste tun. Aber dazu müssen sie sich noch mehr mit der Erde auseinandersetzen und ihre Rhythmen kennenlernen. Eine sehr wertvolle Technologie, die die Menschen der Erde näher bringen wird. Sie werden langsam verstehen, wer die Erde ist und welche Bedürfnisse sie hat. Dieses Bewusstsein der Erde gegenüber wird die Menschen mehr mit der Erde verbinden und sie werden ihre symbiotische Beziehung zu ihr erkennen und schätzen lernen. Sie wird endlich als lebende Wesenheit anerkannt werden, denn nur gemeinsam könnt ihr eure Reise in eine höhere Schwingungsoktave weiterführen. Die Trennung der Menschen von der Erde wird aufgelöst.

Phasen größter Glückseligkeit wechseln mit Phasen chaotischer Natur, wo ihr eure Welt nicht mehr versteht.

Dies gehört zur jetzigen Zeit. Versucht in chaotischen Momenten, einfach still zu werden und euch zu erden. Diese Zeiten sind jetzt sehr wichtig, denn sie führen euch zu einem neuen Leben, zu neuen Lebensanschauungen, zu einer neuen Realität. Wartet, wohin ihr getragen werdet. Auch im Chaos steht ein Grundplan dahinter, der aber im Moment nicht zu durchschauen ist. Entschlüsse größerer Tragweite sollten erst gewählt werden, wenn ihr besseren Durchblick der Sachlage gewinnt. Die chaotischen Momente sind aber in der Lage, euch ganz neue Perspektiven aufzuzeigen, weil das Alte aufgewirbelt wird und sich so neu strukturieren kann. In einigen Veränderungen jedoch werdet ihr einen evolutionären »roten Faden« entdecken, der euch klar euren Werdegang und euer Ziel aufzeigt. Fühlt euch in jeden Entschluss, den ihr tätigt, hinein. Stimmt es für mich oder nicht? Euer göttlicher Anteil wird euch führen. Fühlt mit eurem ganzen Körper und lasst euch von eurem Kopf nicht dominieren. Der ganze Körper kann euch brauchbare Signale geben, Übermittlungen eurer Seele. Je mehr ihr mit dieser beschleunigten Energie fortschreitet, je weniger werden rein rationale Entschlüsse möglich sein, denn ihr seid als ganze Wesen in diesem Aufstieg involviert.

Die vielen Erfahrungen, die ihr derzeit macht, bringen eure Seelen zum Schwingen und scheinen weit über eure Realität hinaus. Alle diese Erfahrungen der Menschheit bringen die Erde in die höhere Schwingungsoktave. Ihr seid ihre Geburtshelfer, ihre Familie, ihre Freunde. Auch wenn es scheint, dass es nur persönliche Erfahrungen sind, so sind sie wohl fähig einen Quantensprung zu verursachen. Die Vermehrung und Integration des Lichts in euch selbst und in der übrigen Materie werden eine Vergeistigung des Planeten ermöglichen. Eine neue Ära beginnt, sich abzuzeichnen mit neuen Lebensbedingungen für alle. Die Intensität der kommenden Jahre bringt eine Erneuerung eurer Selbst und der Erde. Vom Kosmos aus bemerken wir eine Erde, die immer mehr in ihrer Schönheit strahlt. Ein wunderbares Gestirn, ein Paradies. Seid euch eures Privilegs bewusst, jetzt auf der Erde zu leben und ihre Metamorphose zu erleben. Werdet euch eures paradiesischen Planeten bewusst, denn so erhöht ihr die Schwingung und trägt auf wunderbare Weise an diesem Aufstieg bei. Bald werdet ihr die Transformation erkennen, das Ziel wird euch offenbart und ihr werdet motiviert vorwärtsschreiten ins Licht. Die Notwendigkeit von Anpassungen und Veränderungen werden klar ersichtlich und bewusst angegangen werden. Kreatives Neugestalten eurer Lebensbedingungen wird eure Aufgabe sein.

Wachstumsphasen waren schon immer die schwierigsten Zeiten in euren Erdenleben. Meistens wurden sie durch Schmerz und Leid ausgelöst. Das muss aber nicht sein. Ihr könnt auch in Freude lernen. Je bewusster ihr euer Leben lebt, umso schmerzloser sind eure Wachstumsprozesse, denn ihr merkt sofort, wenn ihr eine Lebensveränderung vollziehen solltet, und müsst euch nicht in Umwege verstricken. Hört auf die Signale, die sich euch bieten, auf eure Gefühle, auf eure innere Stimme und handelt danach. Wartet nicht, bis euer Weg aussichtslos wird, sondern habt den Mut, zu euch zu stehen. Geht den Ängsten, die euch plagen, nicht aus dem Weg, sondern konfrontiert euch mit dieser Angst, damit ihr befreiter weitergehen könnt. Seid nicht entmutigt, wenn gelöste Probleme nach Intervallen wieder auftauchen, um nochmals bearbeitet zu werden. Eure Psyche kann nur Schicht für Schicht eines Problems lösen. Die Fluktuationen werden aber mit der Zeit immer geringer, bis sie auslaufen. Seid liebevoll zu euch selbst und gönnt euch die Zeit, die ihr braucht. Den Respekt, den ihr euch entgegenbringt, werdet ihr dann auch im Außen erhalten. Eure Persönlichkeit verändert sich schrittweise, um zu werden, was sie schon immer war. Geht dieses Abenteuer ein, euch kennenzulernen bis in die tiefsten Schichten, um einen befreiten weiteren Weg zu gehen.

Wenn in eurem Leben nicht immer die Sonne scheint, dann bedenkt, dass sich die »Wetterlage« wieder ändert. Auf sonnige Tage folgen immer auch wieder Tage, die nicht so leuchtend sind. In diesen graueren Tagen wird meistens Energie integriert und ihr werdet auf Neues vorbereitet. Versucht, trotzdem das Positive zu erkennen, und verfallt nicht ins Depressive. Das Schwermütige legt sich wie ein Panzer um euch und erschwert die Aufnahme leichter, fröhlicher Energie. Was ihr aussendet, kommt folglich zu euch zurück. Darum ist es wichtig, euch auf euch selbst zu zentrieren und eine möglichst neutrale Position einzunehmen. Liebesschwingungen eurer Umwelt können euch dann problemlos erreichen und nähren. Mit der Beschleunigung der Energie ist es gut möglich, dass ihr Gemützustände eurer Umgebung leichter aufnehmt. Dies ist nicht immer angenehm. Deshalb ist es wichtig, euch in eine neutrale Position einzustimmen, denn eure Sensitivität wird jetzt stark angeregt. Besonders wenn ihr vielen Leuten begegnet, versucht so neutral wie möglich zu sein, um gelassener den Gemütsschwingungen eurer Umwelt zu begegnen. Die Stärkung eures Selbst, aus eurer Mitte heraus, ist die beste Anlage, euren Weg mit möglichst wenigen Hindernissen zu gehen.

Denkanstöße

Mit der beschleunigten Energie, die jetzt von eurer Sonne auf die Erde kommt, vergeistigt sich euer Planet, das heißt die ganze Materie. Da euer Körper auch zu dieser Materie gehört, werdet ihr für kosmische Einflüsse immer durchlässiger. Der Schleier, der euch bis anhin von anderen Dimensionen trennte, wird immer dünner und ermöglicht Durchblicke, die euch eine weitere Wahrnehmung erlauben. Ihr werdet so fähig werden, Beschlüsse mit enormer Tragweite zu kreieren, die nicht mehr aus eurer beschränkten Nabelsicht geschehen, sondern in einem kosmischen Ganzen eingebettet sind. Diese Erfahrungen sind für die Menschen neu. Sie werden euch in die höhere Dimension tragen und euer Erdenleben ganzheitlich ausrichten. Ihr werdet wichtige Zusammenhänge verstehen und entsprechend handeln. Euer privates Leben und euer Körper werden genauso davon betroffen sein wie globale Zusammenhänge. Alles wird sich einer übergeordneten Ordnung unterziehen. Dieses Bewusstsein wird so stark werden, dass abtrünniges Verhalten nicht mehr toleriert wird und nicht mehr gelebt werden kann, weil es dem Ganzen schaden. Diese Anpassung wird nicht unter Druck geschehen, sondern ist ein Reifeprozess, dem die Menschen jetzt unterworfen sind. Es geht jetzt um jeden Menschen, die Erde und das Ganze. Dieses Bewusstsein wird in euch erwachen und große Veränderungen nach sich ziehen, zum Wohle aller.

Gedankenblitze ereilen euch, wenn ihr in der Ruhe seid und euer Verstand nicht dauernd sendet, sondern eine Bereitschaft euerseits vorhanden ist. Das heißt, dass ihr in Empfangsbereitschaft seid, wenn ihr in die Leere geht. Ihr könnt es gerne mit einer Empfangs- und Sendestation vergleichen. Wenn ihr dauernd sendet, könnt ihr nicht empfangen. Wenn ihr Fragen habt, dann sendet diese klar formuliert aus. Ihr werdet die passende Antwort für euch erhalten. Diese Geistesblitze oder Denkanstöße werden jetzt häufiger auftreten und ihr werdet merken, wie ihr geführt und geleitet werdet. Euer göttlicher Anteil, euer höheres Selbst, wird jetzt immer mehr mit eurer Persönlichkeit verbunden. Dieses göttliche Attribut eurer selbst hat eine ganzheitliche Perspektive, denn es ist vereint mit Allem-Was-Ist und ist euer Führer. Vertraut dieser inneren Stimme, euch selbst. Diese Gedanken werden euch vor Gefahr schützen und euch euren einmaligen Weg zeigen. Wartet nicht, bis eure Ratio eingreift und euch eines Besseren belehrt, denn Umwege in dieser intensiven Zeit kosten euch viel Energie. Versucht, die Verbindung mit eurer Seele immer enger zu leben, denn das wird in der fünften Dimension das Natürlichste der Welt sein. Es ist also eine gute Vorbereitung auf den Oktavensprung. Da die Energie sich nach und nach erhöht, kommt ihr der fünfdimensionalen Realität immer näher und könnt eure Anpassungen bereits früher bewerkstelligen und daraus euren Nutzen ziehen.

Die mannigfaltigsten Denkanstöße werden euch erreichen und zu eurer privaten und globalen Befreiung beitragen. Diese Denkanstöße werden nicht einfach nur skurril sein, ohne Bezug zu eurem Leben und eurer Gemeinschaft. Nein, sie werden von verschiedenen Menschen in allen Kontinenten empfangen werden und so zu einer Neugestaltung der Lebensformen beitragen. Es ist eine Ausschüttung neuer Möglichkeiten, die in der fünften Dimension Form annehmen können. Je zentrierter und leerer ein Mensch ist, umso besser wird er diese Denkanstöße empfangen und umsetzen können. Die Resonanz für diese Neuerungen ist in jedem Menschen gegeben und wird Änderungen beschleunigen. Mutige Lösungen von Problemen werden nichts anderes sein, als adäquate fünfdimensionale Umsetzungen. Bereits beim Anstieg der Energie werden sich schon Neugestaltungen der höheren Oktave manifestieren, denn der Übertritt in die fünfte Dimension ist fließend. Die ganze Materie wird jetzt diese Erhöhung der Energie nach und nach integrieren. Bei euch Menschen sowohl physisch wie psychisch. Darum ist es so wichtig, dass ihr euch immer wieder Ruhephasen gönnt und euch mit Mutter Erde verbindet, denn dies wird eure Struktur stärken und die Integration dieser hohen Energie erlauben.

Plötzlich auftretende kreative Ideen, die totale Neuerungen sind, werden sich in nächster Zeit manifestieren. Die Personen, die sie empfangen, werden genau wissen, dass sie nicht von ihnen stammen, sondern höhere Eingebungen sind. Es wird diese Leute demütig machen und sie werden dankbar an ihrer Umsetzung arbeiten, denn diese Ideen werden zum Wohle der Erde und der Menschen sein. Die Verbindung zwischen den Dimensionen wird deutlich spürbar und somit die Trennung infrage gestellt werden. Wie gesagt, ist auch die Auflösung des Getrenntseins ein fließender Prozess, der sich da und dort bereits jetzt ereignet. Je höher die Schwingung der Erde ist, umso breiter werden sich kosmische Unterfangen auf der Erde manifestieren. Ihr geht jetzt schrittweise auf die fünfte Dimension zu und werdet nach und nach mit der erhöhten Schwingung vertraut gemacht. Das zeigt sich natürlich auch im täglichen Leben, beispielsweise mit eurer Gedankenkraft, die ihr bald im Alltag einsetzen werdet. Seid euch eurer Gedanken also voll bewusst und tragt Verantwortung für eure Wünsche. Gedanken sind Energie, die sich manifestiert. In der fünften Dimension wird sich diese Manifestation dank der hohen Energie schneller ereignen. Euer Wunschkatalog muss also bewusst gewählt werden und im Einklang mit der Erde und den Menschen sein.

Von den Wellen kosmischer Energie

Der ganze Kosmos ist gefüllt mit Energie. Diese Energie fließt wellenartig zwischen den Gestirnen hindurch und formt den ganzen Kosmos. Diese Energie hält alles zusammen und bringt den ganzen Kosmos zum Schwingen. Eine Liebesschwingung erster Güte, die Schwingung unseres Schöpfers, unserer aller Quelle. Die Intensität dieser Schwingung variiert. Sie kann von hoher Feinstofflichkeit sein, sich aber in gewissen Regionen in dichterer Fülle zeigen, je nach den regionalen Gegebenheiten der regionalen Schwingungsdichte. Diese Schwingungsdichte bezieht sich auf die dimensionale Qualität einer Region oder eines Sektors. Diese Energie wird, wie schon erwähnt, von kosmischen Reisenden benutzt, um praktisch ohne Eigenenergie den Kosmos zu bereisen. Was im Kosmos möglich ist, ist es auch auf den Gestirnen. Ihr werdet in den kommenden Jahren dieser neuen Technologie zugeführt und sie vorerst auf der Erde einsetzen können, wo sie euch helfen wird, die Distanzen drastisch zu verkürzen. Diese Technologie wird euch helfen, euch noch besser als globale Erdenbürger zu verstehen, euch untereinander zu helfen und zu unterstützen, als eine Erdenfamilie. Bei euren späteren kosmischen Reisen werdet ihr somit als Erdenbürger auftreten. Regionale Provenienzen werden kein Gewicht mehr haben. Das Gleiche gilt für rassische Abstammung oder gesellschaftliche Zugehörigkeit. Der Prozess dieser globalen Erdenbürgerschaft wird euch die nächsten Jahre beschäftigen und die Menschen bewusstseinsmäßig ein großes Stück vorwärtsbringen in ihrer Evolution.

Die vielen verschiedenen Energien, die ihr auf der Erde kennt, sind im Kosmos zu einer Energie gebündelt. Als Metapher möchte ich euch die vielen Haare, die ihr auf den Kopf tragt, zeigen, die zu einem Zopf zusammengebunden und verflochten werden. Diese Bündelung der Energie gleicht einem Kraftwerk, von wo aus Energie zum Gebrauch bezogen werden kann. Es handelt sich um freie Energie. Je mehr Energie bezogen wird, umso mehr Energie fließt nach. Diese Energie ist für alle Wesen des Kosmos verfügbar, sie ist frei und natürlich kostenlos. Es existieren also keine Energielobbys, keine Manipulation und keinerlei Gefährdung bei der Produktion! Ja liebe Erdenbewohner, auch für euch wird diese Energie bald verfügbar werden und euch eine noch nie da gewesene Befreiung bringen. Dies klingt für euch reichlich utopisch, seid ihr doch gewohnt, dass sogar Kriege wegen den Energiequellen ausgetragen werden. Die Verfügbarkeit freier, sauberer Energie ist ein Menschenrecht, erlaubt sie euch doch, euch frei zu entfalten. Viele technologische Neuerungen werden euch an dieses Ziel führen, unterstützt durch die Paradigmenwechsel der neuen Zeit. Schritt für Schritt schreitet ihr jetzt eurer Befreiung entgegen. Eure Ökonomie wird sich umstrukturieren müssen. Den Ländern mit Energiequellen raten wir sehr, ihre Einnahmen zu diversifizieren, um ökonomisch überleben zu können.

Ich, Ashtar Sheran vom Raumkommando, fließe mit der kosmischen Energie, die die ganze Schöpfung zusammenhält. Ich bin die Wesenheit, die mit den regionalen Hierarchien, den Engelscharen und seinen Vertretern auf den Gestirnen zusammenarbeitet. Von meiner kosmischen Perspektive aus kann ich bei meinen Ansprechpartnern eine erhöhte Sicht der Gegebenheiten einfließen lassen. Ich gehöre zur Urmatrix des Universums, der Liebesenergie, die alles zusammenhält, alles fließen lässt und für die Evolution zuständig ist. Wegen meiner übergeordneten ganzheitlichen Sicht bin ich fähig, mich sowohl für den Makro- wie für den Mikro-Kosmos einzusetzen und die Verantwortung für die Evolution in allen Belangen zu übernehmen. Ich bin natürlich nicht alleine zuständig für diese Aufgabe, sondern habe großartige kosmische Mitarbeiter des Lichtes, die mir zur Seite stehen. Die Engelscharen, die geistigen Hierarchien und das Ashtar Kommando arbeiten an der Evolution des Lichtes, der Liebesenergie, die uns alle durchdringt und nährt. Deshalb sind wir alle miteinander verbunden im EINEN. Eine großartige göttliche Familie des Lichtes und der Liebe.

Zerstörung und mutwillige Zerstörung

Die Eskalierung der Polaritäten wird in einigen Regionen der Erde mutwillige Zerstörungen bringen. Die Anstifter dieser Zerstörungen sind Menschen, die sich nicht dem Wohle des Ganzen unterstellen wollen oder können, weil sie die gesellschaftlichen Veränderungen nicht akzeptieren. Ich spreche vom Terrorismus religiöser Gruppen, aber auch von ökonomischen Kartellen. Es geht schlussendlich um Macht in all ihren Facetten. Der Alltag der Bevölkerung wird durch diese Anschläge eine große Herausforderung. Angst und Schrecken werden eure Begleiter sein. In dieser chaotischen Zeit der Neustrukturierung werdet ihr lernen müssen, euch auf euch selbst zurückzubesinnen, um zu Stabilität und Ruhe zu kommen. Die Verankerung in euch selbst und eurer nächsten Umgebung wird euch die Kraft geben, euren Alltag zu bestreiten. Der Weg nach Innen sollte jetzt vermehrt geübt werden, damit dieser innere Raum euch familiär ist, wenn im Außen chaotische Zustände herrschen. Eure innere Stimme wird euch leiten können und vor Gefahr schützen. Die Reise nach innen wird euch von allen Religionen gepredigt. Es wäre jetzt an der Zeit, dass ihr diese Rituale beherzigt, oder aber euren ganz eigenen Weg findet.

Mutwillige Zerstörungen, Leid und Schmerz für die Menschen sind für eine bestimmte Gruppe von Individuen ihre Art, um Macht auszuüben und die Evolution zu verhindern. Wisst, dass die Evolution der Erde und ihrer Menschen nicht aufzuhalten ist. Die Kapitulation dieser manipulativen Ereignisse ist vorhersehbar, es werden jedoch in dieser sehr polaren Zeit noch einige Anschläge ausgeübt, denn gewisse Gruppen geben ihre Macht nicht freiwillig auf. Die Polarisierung schreitet voran, wird sich aber mit steigender Energie harmonisieren. Haltet durch und besinnt euch eurer inneren Werte, um bekräftigt weitergehen zu können.

Mutter Erde ihrerseits bereitet ihre Wiedergeburt in die fünfte Dimension vor. Es werden da und dort größere Erdveränderungen geschehen, denn die Erde wird erneuert in die höhere Oktave aufsteigen. An den euch bekannten Orten werden sich Verschiebungen von Erdmassen ereignen, aber auch an Orten, die für euch als ruhig eingestuft werden. Verfolgt die Signale, die euch die Erde gibt und versucht aus der Gefahrenzone zu fliehen. Dazu braucht ihr aber ein gutes Gespür für die Erde. Verbindet euch immer wieder mit der Erde und spürt ihre Rhythmen. Versucht, die Trennung zwischen ihr und euch aufzuheben. Denn ihr seid eins mit ihr. Ihr lebt in Symbiose mit ihr. Dieser Verbindung zur Erde wird euch stärken und zur Ruhe bringen und gleichzeitig werdet ihr von ihr die Signale erhalten, die ihr braucht. Spürt die Erde mit all euren Sinnen, ähnlich wie es die Tiere tun. Denn auch ihr habt diese Anlagen in euch, die euch warnen und helfen.

Zerstörungen irgendwelcher Art sind für die Menschheit sehr schwierig auszuhalten, rauben sie euch doch eure Stabilität und Ruhe. Viel Altes, Vertrautes muss losgelassen werden, um Neuem Platz zu machen. Erkennt eure Prozesse in dieser Situation. Geht es ums Loslassen alter Strukturen, ums Wegziehen aus einer geliebten Region oder um eine totale Neuorientierung in eurem Leben? Diese Selbstfindung könnt ihr nur in der Stille und für euch selber treffen. Gönnt euch diese Auszeit, diese Rückbesinnung auf euch selbst. In diesem Prozess werdet ihr die Kraft finden, die euch helfen wird, euren ganz persönlichen Weg weiterzugehen. Umstrukturierungen sind sicher nicht einfach, doch erlauben sie euch immer mehr, euren eigenen Weg zu gehen. Viele neue Wege werden sich euch öffnen und euch tragen, denn wenn ihr auf eurem ganz persönlichen Weg seid, wird euch das Universum voll unterstützen. Der Weg wird auf einmal einfach und übersichtlich. Je schwieriger ein Weg ist, umso mehr entfernt er euch von euren Bedürfnissen, eurem Selbst. Wenn ihr auf der kosmischen Welle reitet, werden euch keine Steine in den Weg gelegt, im Gegenteil, werdet ihr von ihr getragen und an euer Ziel geführt. Die Lebensumstände, die ihr bis anhin kanntet, konnten nur mit Kraft und Ausdauer erreicht werden. Diese Zeit ist jetzt vorbei. Mit der Erhöhung der Schwingung auf der Erde ist die Zeit der Entbehrung und des Kampfes vorbei. Leben heißt fließen. Lasst euch also von dieser neuen Energie ergreifen und fließt mit ihr. Genießt es, ein Leben ohne Kampf und Ärgernisse zu leben. Lasst die alten Überlebensparadigmen hinter euch und schreitet voran in die neue Schwingungsoktave.

Je höher die Schwingung ansteigt, desto mehr werden sich die neuen Paradigmen manifestieren, damit ihr sie lernen und integrieren könnt. Es ist eine Zeit des intensiven Lernens in allen Sparten des Alltags, privat und global. Öffnet euch diesen neuen Chancen und ergreift eure Verantwortung in diesem Geschehen, denn nur so werdet ihr diese Transitionszeit gelassen und erfüllt erleben. Diese kosmische Energie unterstützt euch und die Erde und trägt euch in eine strahlende Zukunft. Eine Zukunft, die sich von eurer Vergangenheit sehr unterscheiden wird. Eine Zukunft, die den Menschen zu einem multidimensionalen Wesen entwickeln wird. Zur höheren Adam-Kadmon-Rasse. Eine Zeit, in der ihr eure göttlichen Attribute entfaltet und gemeinsam mit Mutter Erde diesen energetischen Oktavensprung erleben werdet. Willkommen, liebe Erdenmenschen, im Schoße der kosmischen Familie.

Mit fliegenden Fahnen in die Neuzeit

Die Zeit der Transition ist eine Herausforderung für jeden Menschen. Es ist eine Testzeit, eine Zeit großer Veränderungen und neuen Lernens. Diese anspruchsvolle Zeitspanne wird die Menschen und die Erde verändern, mit dem Ziel eines Dimensionswechsels, wie ihn die Erde noch nie durchlebt hat. Auch wenn sich diese Zeit für viele Menschen schwierig gestaltet, bringt sie euch doch das lang ersehnte, goldene Zeitalter von dem eure Prophezeiungen erzählen. Strukturveränderungen sind sicher nicht einfach durchzustehen, auch wenn sie euch eine Klärung in vielen Alltagsproblemen bringen werden und euch das Leben lebenswerter gestalten. Vertraut dieser erhöhten Schwingung, versucht, das Neue zu integrieren und anzuwenden. Ihr werdet in ein paar Jahren kaum glauben können, was ihr in so kurzer Zeit zu eurem Vorteil gelernt und integriert habt. Das Leben, der Alltag auf der Erde wird für euch viel einfacher und erfüllender. Geht mutig in diese letzte Phase des Aufstiegs in die fünfte Dimension. Ein Aufstieg der Superlative, der die ganze Materie durchdringt, belebt und verfeinert. Ein Aufstieg, der euch die Verbundenheit mit Allem-Was-Ist näherbringen wird und ihr schließlich realisieren werdet, dass ihr im ALL-EINEN aufgehoben seid. Die Zeit der Trennung euerseits wird vorbei sein und euch Zugang zur kosmischen Familie ermöglichen. Eine lange Periode der Trennung ist bald nur noch Geschichte. Die Neuzeit oder die goldene Zeit wird ihren Anfang nehmen.

Die vielen Veränderungen, die ihr in eurem Leben bewältigen müsst, werden euch helfen, Ballast abzustoßen, um Neues zu integrieren. Einigen Menschen wird das leichter fallen als anderen. Das Resultat jedoch wird begrüßt werden, denn es ist einfacher, mit wenig Gepäck weiterzugehen, als unter der Last von Altem fast zusammenzubrechen. Mutige Lebensstrategien einiger Menschen werden die Welt verblüffen und aktiv dazu beitragen, neue kreative Lebensformen zu suchen. Was sich seit Jahrhunderten bewährt hat, wird jetzt überdacht und der neuen Zeit angepasst. Trauert nicht der alten Zeit nach. Diese überlebten Strukturen passen nicht mehr in diese hohe Energieschwingung. Der Mensch wurde damals von außen bestimmt. Der neue Mensch wird aus sich heraus seine persönlichen Strukturen definieren und leben und sich so in die Allgemeinheit einbringen. Jeder Mensch ist ein ganz einzigartiges Individuum, das im Einklang mit dem Ganzen ist und in diesem Rahmen, im privaten und persönlichen Bereich, seinen eigenen Weg geht. Toleranz seinem Mitbürger gegenüber hat Priorität und wird das Zusammenleben auf der Erde bereichern. Eine sehr kreative Zeit bricht nun an, die euch über viele

Hürden tragen und erfüllen wird. Wenn der Mensch aus sich heraus seinen Alltag gestalten kann, wird er sich voll einbringen können und sich dabei sehr gut fühlen.

Der Übergang in die fünfte Dimension wird schrittweise erfolgen, denn die Energie wird sich in der nächsten Zeit drastisch erhöhen, bis sie den erforderlichen Pegel erreicht hat. Diese Transitionszeit ist deshalb eine große Herausforderung für die Menschen und die Erde, da diese hohe Schwingung bis in die tiefste Materie integriert werden muss. Die Materie muss sich dieser Schwingung anpassen und lernen, mit ihr umzugehen. In dieser Zeit der Anpassung könnt ihr eurem Körper immer wieder Auszeiten gönnen, damit er diese Schwingung integrieren kann. Jeder Mensch wird seine Methode finden, um in die Ruhe und Stille zu gehen, um diesen Prozess zu unterstützen, denn er wird sonst an seine physischen Grenzen gelangen. Jedes Lebewesen merkt intuitiv, was es benötigt, um im Fluss zu bleiben. Hört also auf euren Körper und auf die Natur und lasst euch mit dieser Schwingung treiben. Sobald die Energie integriert ist, wird sie euch auch Kraft und Leichtigkeit bringen und euren Alltag beleben. Je besser ihr die Energie integrieren könnt, umso gesünder wird euer Körper werden. Schwachstellen im Körper werden euch jetzt aufgezeigt, damit sie transformiert werden können. Arbeitet jetzt ganzheitlich an eurem körperlichen Heilwerden, denn je höher die Schwingung ansteigt, umso weniger werden kranke Zellen diese Energie aufnehmen können. Diese erhöhte Schwingung wird euch helfen, körperlich heil zu werden und euren Körper zu stärken. Die Erde und die Menschen werden kraftvoll und heil in die nächsthöhere Schwingungsoktave aufsteigen.

Die vielen Veränderungen, die ihr jetzt durchlebt, werden euch zu transformierten Menschen machen. Euer Körper wird von altem Ballast befreit. Aber auch eure Psyche wird eine Erneuerung erfahren. Alte Ängste, die euch blockierten, werden aufgelöst werden, damit ihr befreit weitergehen könnt. Eure Gedankenstrukturen werden eine Offenheit erfahren, die ihr bis anhin nicht kanntet. Die erhöhte Schwingung trägt euch in jeder Hinsicht und wird euch in die fünfte Dimension bringen. Die Menschen, die sich der neuen erhöhten Schwingung nicht ergeben können, werden weitreichende physische und psychische Probleme erfahren, denn es ist sehr schwierig, gegen eine so starke energetische Strömung zu schwimmen. Vielleicht werden sie durch diesen Prozess erwachen oder aber vorziehen, diese Realität zu verlassen. Jeder Mensch ist in seiner Entscheidung frei. Respekt für jedes Lebewesen ist ein Attribut der erhöhten Schwingung. Das Fließen mit dieser Schwingungswelle ist der einfachste Weg des Aufstiegs, auch wenn es euch zu Veränderungen zwingt. Das Resultat dieser Veränderungen wird euch aber bald zeigen, dass das Leben hier auf der Erde einfacher und erfüllter gelebt werden kann.

Neuerungen brauchen Mut, Vertrauen und Integration, Eigenschaften, die ihr jetzt stark entwickelt.

Eine neue Realität wird jetzt für euch eingeläutet, eine Realität, die sich stark vom Bisherigen abhebt. Die kommende Zeit werdet ihr darauf vorbereitet, eine ganzheitliche Perspektive zu erfahren. Die Erde und euer Sonnensystem erleben einen dimensionalen Quantensprung und werden sich energetisch besser in die kosmische Umgebung einfügen. Somit werden die Interaktionen zwischen den Sonnensystemen einfacher und produktiver. Eine neue Ära steht euch bevor, wahrlich eine bewusste Wiedergeburt der Erde in die kosmische Familie. Neue Territorien werden euch offenbart und partnerschaftliche Unternehmungen aktiviert. Viele Menschen haben bereits die Saat des Neuen in sich und werden in nächster Zeit eine Aktivierung erfahren. Menschen von allen Rassen und Regionen werden erwachen und ihren Dienst für die Erde angehen. Ihr Einsatz wird der Menschheit helfen, besser mit dieser hohen Schwingung umzugehen und den Boden für das Neue bereitzustellen. Vertraut euren intuitiven Impulsen, geht in die Stille und Ruhe und spinnt den Faden des neuen Lebens, einer neuen Entwicklung eurer selbst und der Menschheit. Seid mutig, Altes loszulassen, um neue Wege zu suchen und zu gehen. Stärke und Gelassenheit werden eure Werkzeuge sein. Übernehmt Verantwortung für euch selbst, eure Taten und Aktionen. Genießt es, auf dieser energetischen Welle zu reiten, im Wissen, dass sie euch an euer Ziel, in die fünfte Dimension, führen wird.

Herzensenergie

Die Qualität und Intensität eurer Herzensenergie wird in Zukunft stark entwickelt, denn diese Energie wird die Basis eures Lebens werden. Eure verkümmerte Thymusdrüse wird sich wieder voll entfalten und ihren Dienst leisten. Die Kommunikation zwischen den Menschen, den Tieren, der Erde und euren Sternengeschwistern wird auf dieser Frequenz stattfinden. Die Herzensfrequenz ist eine Energie, die nur reine und ehrliche Kommunikation zulässt, eine Qualität der fünften Dimension. Viele alte Kommunikationsstrategien gehen nun ihrem Ende entgegen und werden durch diese neue Herzenskommunikation ersetzt. Ihr seid jetzt noch in einer Übergangsphase und müsst selber intuitiv erfahren, in welcher Qualität der Kommunikation ihr euch in eurem Umfeld befindet. Die Herzensenergie oder -Frequenz beruht auf der Zusammenführung eurer Ratio und euren Gefühlen. In eurem Herzen wird diese Zusammenführung in einen höheren Status der Liebe, des Mitgefühls erhoben. In der fünften Dimension werden die Polaritäten harmonisiert oder ausgeglichen sein, demzufolge kann sich eure Herzensenergie nun langsam entwickeln, ohne Verletzungen befürchten zu müssen. Eine neue Ebene des Verstehens und Zusammenlebens wird geschaffen, die euch dient und unterstützt.

Herzensenergie ist die Energie der Zukunft. Beim Betrachten der heutigen Menschheit ist dies wahrlich eine Revolution. Hass, Neid und Missgunst werden für euch Fremdwörter werden. Sie haben mit der jetzigen polaren Realität auf der Erde zu tun. Die erhöhte Schwingung von der Sonne wird diese Zustände schmelzen und einer ausgeglichenen emotionalen Qualität Platz machen. Momentan befindet ihr euch noch in einer Phase stark polarer Auswirkung. Allmählich werden sich aber die Pole harmonisieren und der neuen Qualität Platz machen. Überprüft und erkennt diese Wandlung bei euch selber. Die globalen Auswirkungen werden daraus folgen. Diese hohe Energie führt den Menschen immer mehr zu sich selbst, verursacht bei jedem größere Transformationen und lässt ihn schließlich in sich selbst ruhen. Dies ist ein Zustand der Fülle, des Ausgeglichenseins, des Glücks. Die polaren Eigenschaften der Liebe haben da keinen Platz mehr. Ihr werdet eine neue Ära betreten, das sogenannte goldene Zeitalter. Ihr werdet das Gold in euch selber finden. Es ist euer persönlicher Schatz, denn jeder Mensch wird Zugang zu seinem Potenzial erhalten. Diesen Reichtum werdet ihr mit der Erde und den Menschen teilen und gemeinsam am Wohle aller arbeiten, jeder mit seinem persönlichen Reichtum. Wir haben euch immer gesagt, dass dieser Aufstieg in die nächsthöhere Dimension ein Quantensprung ist!

Die verschiedenen Facetten der Herzensenergie werden nun bei den Menschen entwickelt und sie werden das Miteinander auf der Erde verändern. Je mehr sich nun die Energie beschleunigt, umso mehr werdet ihr mit dieser Qualität konfrontiert werden. Auch im polaren Sinne, damit ihr dies jetzt transformieren könnt. Seid also nicht erstaunt, wenn euch jetzt Wellen des Neids, der Missgunst und des Hasses entgegengeschleudert werden. Dies gehört zu diesem Prozess. Nur wenn sich solche Gefühle manifestieren, können sie auch transformiert und losgelassen werden. Es ist jetzt eine Zeit der großen Reinigung, bis in die Tiefen eurer Psyche und eurer Zellen. Geläutert werdet ihr die hohe Schwingung einfacher integrieren und manifestieren können. Diese Zeit der Transition ist eine Herausforderung für die ganze Menschheit. Ich muss es immer wieder betonen, damit ihr bewusst euren Weg weitergehen könnt. Denn dieser Weg bedingt eure ganze Persönlichkeit, bis in eure tiefsten Schichten der Psyche und des Körpers. Es ist euch sicher klar, dass sich diese Läuterung ganzheitlich auf euren Körper, eure Psyche und eure Umgebung auswirken wird. Die ganze Menschheit wird somit von innen heraus verwandelt, damit sie die Wiedergeburt der Erde in die fünfte Dimension bestehen kann. Dies ist wahrlich eine großartige Chance für alle jetzt inkarnierten Seelen, durch diese Lernprozesse ihre Göttlichkeit zu integrieren.

Große Umwälzungen werden das Leben auf der Erde nachhaltig verändern. Auch jeder einzelne Mensch wird sich mit dieser Herzensenergie verändern. Eure Körper werden durch diese erhöhte Schwingung durchlässiger, nicht mehr so stark verdichtet, feinstofflicher. Es bahnt sich jetzt eine Vergeistigung der ganzen Materie an. Dies ist natürlich ein längerer Prozess, dem die ganze Erde unterworfen ist. Deshalb habe ich euch schon geraten, besonders auf eure Gedankenstrukturen zu achten, denn je feinstofflicher die Materie wird, umso besser können sich Wünsche und Gedanken materialisieren. Dazu braucht es sicher noch ein bisschen Übung und große Verantwortung und Respekt euch und den anderen gegenüber. Lernt, eure Gedanken bewusst zu erkennen und zu kontrollieren, um sie später gebündelt einsetzen zu können. Lernt, auch eure Gedanken mit dieser Herzensenergie zu vermählen, zum Wohle aller. In dieser Zeit der Transition seid ihr aufgerufen, immer mehr eure Verantwortung euch und den anderen gegenüber wahrzunehmen, damit ihr als Erwachsene ins neue Zeitalter wechselt. Unverantwortlichkeit ist nicht kompatibel mit dieser hohen Schwingung, die jetzt auf die Erde strömt. Ihr verlasst nun definitiv die Kindergarten- und Schulzeit auf der Erde und werdet zu selbstverantwortlichen Erwachsenen. Dieser Prozess bedingt, euch klar kennenzulernen, den Weg zu euch selbst zu betreten und nicht mehr im Außen nach Heilslösungen zu suchen. Alles, was ihr braucht, liegt in euch. Werdet still und entdeckt eure eigenen Schätze.

Die vielen Dinge und Muster, die ihr in eurem Leben und global verändern müsst, weil sie mit der neuen Schwingung nicht mehr kompatibel sind, werden eure Gesellschaftsstrukturen tiefgreifend verändern und einer neuen Ära des Zusammenlebens Platz machen. Auch wenn es euch zum Teil schwerfällt, Altes loszulassen, werdet ihr befreit und leichter weitergehen. Viele Muster und Prozesse werden euch schichtweise zur Lösung präsentiert, denn tiefgreifende Auflösungen würde eure Psyche nicht auf einmal verkraften. Deshalb ist es sinnvoll, Schicht für Schicht zu erkennen und zu lösen. Seid also nicht entmutigt, wenn sich ein Problem in Abständen wieder meldet und erkennt, dass eine tiefere Schicht nun zur Lösung bereit ist. Bei der Auflösung psychischer Muster, die nicht mehr zu euch passen, entstehen in euren Zellen Schlacken, die abtransportiert werden müssen. Ihr besitzt ein großes Angebot von Entschlackungsmitteln, benützt sie. Schaut zu eurem Körper und gebt ihm die Muße und die Bewegung, die er braucht, damit er euch in diesem Prozess besser unterstützen kann. Ihr seid eine Einheit mit ihm. Die Verbindung von Geist und Materie. Mit der Erhöhung des Schwingungspegels wird die Materie, also in diesem Sinne euer

Körper, immer durchlässiger werden für die neue Energie. Die Integration derselben wird einen möglichst befreiten Körper schätzen, um sich besser in und mit der neuen Energie manifestieren zu können.

Eure Herzensenergie wird einen Quantensprung machen und wesentlich euer physisches Organ beeinflussen. Ihr werdet stärkere Herzen bekommen, die mit dieser Energie Schritt halten können. In der Zwischenzeit raten wir euch sehr, eurem Herzen Sorge zu tragen, euch nicht zu überfordern und dem Herzen zuträgliche Nahrung zuzuführen. Diese erhöhte Energie hat großen Einfluss auf eure Körper, denn diese Energie wird bis ins kleinste Atom geführt. Hört auf die Signale eures Körpers. Er wird euch leiten und führen und seine Bedürfnisse anmelden. Die vielen alten Lebensmuster, die ihr zur Zeit transformiert, werden eure Körper verjüngen und stärken. Vielleicht habt ihr schon gemerkt, dass die Menschen nicht mehr so schnell altern wie noch vor einem halben Jahrhundert. Mit dieser hohen Schwingung werdet ihr dessen noch mehr gewahr werden und dies wird euch auf eurem Weg unterstützen und motivieren. Schaut im Außen die Veränderungen der letzten zwanzig Jahre an. Analysiert sie und ihr werdet die Antwort in der Beschleunigung der Energie, die seit damals auf die Erde gespült wird, finden. In der restlichen Zeit wird die Energie noch drastisch verstärkt und Veränderungen werden für euch noch sichtbarer werden. Vertraut dieser Energie, die euch in die fünfte Dimension führen wird und geht gelassen euren ganz eigenen Weg.

Mit den Veränderungen leben

Es ist sicherlich nicht einfach, dauernd mit Umstellungen und Veränderungen leben zu müssen. Eure Sternengeschwister und ich haben großen Respekt, wie die Menschheit diese Umwälzungen, die sich auf der Erde ereignen, akzeptieren und integrieren. Mit Aufmerksamkeit werden eure Prozesse verfolgt und wo wir dürfen, helfen und unterstützen wir euch gerne. In euren freien Willen jedoch dürfen wir nicht eingreifen und können euch nur beratend zur Seite stehen. Das kosmische Mitgefühl umfängt euch, und wir freuen uns sehr, bald eine bewusste Menschheit im kosmischen Reigen willkommen zu heißen. Bis es soweit ist, wisst, dass wir euch unterstützen, wo wir können. Eine erwachsene, verantwortungsbewusste Menschheit wird bald unsere Familie ergänzen und ihr Potenzial einbringen können. Eure bestandenen Lernprozesse werden die Familie enorm bereichern und sie noch kraftvoller machen. Das Licht wird seinen gebührenden Platz in diesem Sektor der Galaxis verstärken und aufwerten. Ihr seht, eure privaten und globalen Prozesse dienen nicht nur der Erde, sondern haben kosmische Auswirkungen, denn wir sind alle miteinander verbunden im EINEN. Die lichtvollen Qualitäten können hier bald ungehindert fließen und alle besser nähren und beflügeln. Eure persönliche Arbeit an euch selbst, eure Rückbesinnung, ist die Urmatrix dieses Prozesses, der die Erde und ihre Menschen mit ihrer Umgebung weiterbringen wird. Wir danken euch dafür.

Mit Veränderungen zu leben ist nicht einfach, da man immer wieder Neues kreieren muss, wenn Altes nicht mehr tragbar ist. Diese Zeit verlangt von allen Menschen große Kreativität und Bereitschaft, sich mit ungewohnten Aspekten einzulassen. Flexibilität ist eine Eigenschaft, die nun von allen gefordert wird. In all euren Lebensbereichen wird diese Qualität Einzug halten und manchmal nicht so leicht zu ertragen sein. Es ist dies eine Übergangsphase, die sich in der fünften Dimension beruhigen wird, weil neue Konzepte erarbeitet werden und neue Strukturen beginnen, eurem Alltag wieder Stabilität zu geben. Die Zeit der Transition ist geprägt von Kreativität, aber auch von Chaos. Auch dem Chaos liegen Grundrezepte, eine Matrix zugrunde, die sich im Jetzt schwierig anfühlen, doch mit einer Zeitverzögerung durchaus ins richtige Lot geführt werden. Habt Vertrauen in die Veränderungsprozesse, sie führen euch in die höhere Dimension und bringen für die Menschheit mehr Klarheit und Erfüllung. Fließt gelassen mit dieser hohen Energie. Sich dagegen stemmen und gegen den Strom schwimmen würde euch diese Transitionszeit nur unerträglich machen. Versucht, hinter dem Geschehen die höhere

Perspektive zu entdecken, und verabschiedet euch von eurer Nabelschnur. Seht euch als globalen, kosmischen Bürger und geht mutig euren Weg.

Viele Umwälzungen werden jetzt etappenweise vollzogen, da ein größerer Schritt für die Menschen schwierig zu tragen wäre. Mit schrittweisen Veränderungen kann sich die Menschheit besser auf das Neue einlassen und es integrieren. Habt also Geduld, wenn ihr euch immer wieder mit Veränderungen konfrontiert seht. Schlussendlich werden sie euch die Neuerungen bringen, die die Menschen in der fünften Dimension benötigen, um sich voll einbringen zu können. Je nach Schwingungsintensität werden Anpassungen notwendig, denn das Neue ist bereits wieder veraltet. Stimmt euch im Hier-und-Jetzt ein, um zur Ruhe zu kommen. Versucht, Vergangenheit und Zukunft loszulassen, denn nur im Jetzt schöpft ihr vollumfänglich eure Kraft und erhaltet Impulse für Zukünftiges. Es ist wie ein Stabilisieren auf dieser Energiewelle. Die Welle selber übernimmt die Führung. Eure Aufgabe ist lediglich, die Stabilität auf dieser Welle zu finden. Ihr werdet somit den Veränderungen zugeführt. Integriert sie und rollt weiter der nächsten Herausforderung entgegen, um auch diese zu lösen. Das Leben wird euch aber auch immer wieder Momente der Ruhe und des Friedens bringen, in denen ihr aus euch heraus neue Kräfte und Gelassenheit schöpfen könnt.

Genießt diese Phasen vollumfänglich, um euch bestärkt ins neue Abenteuer zu begeben.

Dankbar werdet ihr zurückschauen und erkennen, wie stark ihr euch in den vergangenen Jahren zu euren Gunsten verändert habt. Neue kreative Saiten eurer Selbst werden euch erfüllen und ihr werdet sie zum Wohle aller einsetzen können. Lasst zu, euch näher zu kommen und sucht die Schätze nicht im Außen. Sie sind in euch und werden von euch ans Tageslicht gebracht. Dazu braucht es aber Ruhe und Gelassenheit; Qualitäten die ihr in eurer hektischen Zeit erarbeiten solltet zum Wohle eures Körpers, eurer Selbst und allen. In der Stille und Ruhe begegnet ihr euch selbst, sowie den vielen Helfern, die euch begleiten. Wagt diesen unschätzbaren Schritt ins Innere und entdeckt die vielen Facetten, die ihr seid. Setzt sie ein und spielt mit ihnen die Harmonie eures göttlichen Seins. Hoffnungsvoll werdet ihr in die fünfte Dimension wechseln und wissen, dass dieser Dimensionswechsel für die Menschen und die Erde ein Segen ist, ein Evolutionssprung enormen Ausmaßes. Jetzt in dieser Zeit dabei zu sein und durch eure Hingabe diesen Prozess zu unterstützen, ist ein tiefgreifendes Erlebnis und eine Gnade. Die kosmischen Welten bewundern euch und danken für euren Einsatz, für euren Weg ins Licht und zur Vereinigung der Sternenfamilie. Endlich sind die Erde und ihre Menschen bereit, bewusst in diesem kosmischen Reigen aufgenommen zu werden. Jubilieren und Hallelujas werden diesen Schritt begleiten. Die Sehnsucht nach unserer Vereinigung lässt uns euch helfen und unterstützen. Die Liebe wird uns wieder zusammenbringen.

Die vielen Auf und Abs, die Anpassungen und Neustrukturierungen prägen die jetzige Zeit und verlangen von den Menschen viel Flexibilität und Standhaftigkeit, um mit dieser Energie umgehen zu können. Fluchtversuche in Drogen, übermäßigen elektronischen Konsum und ein ausschweifendes Leben sind Auswüchse und Zeichen einer nicht gelebten Verinnerlichung der Menschen. Mit dieser hohen Energie wird jeder Mensch auf sich zurückgeworfen und muss sich mit sich selber auseinandersetzen. Für viele Menschen ist dies außerordentlich schwierig, da sie nie gelernt haben, in die Stille zu gehen. Euer Leben bietet außerordentlich viele Informationen im Außen und eine 180 Grad Umkehrung muss daher willentlich herbeigeführt werden. Die Sehnsucht nach Ruhe und Stille wird in den kommenden Jahren zunehmen, denn die persönliche Stabilität ist nur so zu erreichen. Jeder Mensch hat seinen eigenen Rhythmus und seine eigenen Bedürfnisse und sollte sich danach richten, um diese Transition physisch und psychisch gesund zu überstehen. Aber um sich seiner Bedürfnisse bewusst zu werden, muss sich jedes Individuum vorerst von der Außenwelt abkoppeln, um sich besser kennenzulernen. Der Druck von außen wird die Menschen zwingen, diesen Schritt in Erwägung zu ziehen. Die Entscheidung liegt bei jedem Einzelnen, Verantwortung für sich selbst zu übernehmen.

Mit fliegenden Fahnen in die nächsthöhere Dimension heißt, dass ihr von dieser Energie getragen seid. Sie erweckt euer Potenzial und hilft euch, kreative neue Lösungen zu finden, damit ihr das Alte loslassen könnt. Habt also Vertrauen in euch selbst und in diesen Transformationsprozess. Unbewusste Fähigkeiten werden jetzt an die Oberfläche gespült. Nehmt sie in Besitz. Sie gehören zu euch, sind Teil eurer Selbst. Manche Auseinandersetzung wird sich in Luft auflösen, da adäquatere Strategien gefunden und eingebracht werden, um das Problem zu lösen. Gewisse Sachlagen werden nicht mehr wichtig sein und sich einfach auflösen. Eure Perspektive verändert sich und dies hat nachhaltigen Einfluss auf euer Leben und die Gesellschaft als Ganzes. Die multidimensionale Qualität hält nun langsam Einzug auf allen Gebieten. Das drei- oder vierdimensionale Denken verliert immer mehr an Einfluss und wird durch Ganzheitlichkeit ersetzt. Dieser Prozess ist bereits im Gange und wird sich in den nächsten Jahren noch intensivieren. Daraus wird eine neue, menschliche Gesellschaft geboren, die im Einklang mit der Erde und dem Kosmos leben wird. Eine Gesellschaft, die die volle Verantwortung trägt, eine Gesellschaft die erwachsen geworden ist. Die Wiedervereinigung mit Allem-Was-Ist, wird der zukünftige Tenor sein, der die Erde und die Menschheit wieder mit dem Kosmos vermählt. Großartigen Neuerungen werdet ihr auf diesem Weg begegnen, die euch euer Potenzial aufzeigen. Euer Selbstwert wird zum göttlichen Attribut.

Euer Alltag wird in Zukunft einfacher, da viele alte Strukturen abgelöst werden. Ihr werdet auf die essenziellen Punkte im Leben hingewiesen und müsst euch nicht mehr mit alten Konventionen herumschlagen, die euch lähmen. Durch die Harmonisierung der Polaritäten wird auch euer Körper heil und Krankheiten werden der Vergangenheit angehören. Bis es so weit ist, signalisiert euch euer Körper aber, was für eure Seele nicht stimmt. Nehmt diese Signale ernst und handelt entsprechend. Durch dieses Heilwerden wird der Menschheit ein großes Potenzial an Kraft und Ausdauer geboten, die ihr für euren Alltag, für die Gesellschaft und zum Wohle der Erde gebrauchen könnt. Sicherheit ist ein anderer Aspekt, den ihr voll in Anspruch nehmen könnt und bei jedem eine tiefe Befreiung auslösen wird. Die Harmonisierung der Polarität der Geschlechter wird euch ebenfalls helfen, die Verantwortung für euch selbst, die Gesellschaft und die Erde gemeinsam zu tragen. Patriarchalische Machtansprüche werden sich auflösen und den Frauen erlauben, ihr Potenzial zu leben und einzusetzen. In der Transitionszeit werden sich die Polaritäten aber noch verstärken, bis es zum Kollaps der männlichen Machtansprüche kommt und ein Konsens möglich ist. Diese Zeit der

Veränderung verlangt viel von den Menschen. Ungerechtigkeiten, Machtansprüche und Intoleranz gegenüber anderen müssen transformiert werden und neuen Lösungsansätzen Platz machen. Eine große Herausforderung an die ganze Menschheit. Die hohe Energie wird euch dabei unterstützen und das Unmögliche möglich machen.

Die Verbindung mit Allem-Was-Ist

Das größte Problem der drei- und vierdimensionalen Qualität ist die Realität der Trennung. Ihr fühlt euch getrennt von der Erde, der Natur, euren Mitmenschen, dem Kosmos, eurem Schöpfer und sogar von euch selbst. Eure Probleme auf der Erde haben darin ihren Ursprung. Mit der Erhöhung der Energie wird diese Trennung nun schrittweise aufgelöst und ihr werdet euch wieder aufgehoben fühlen in Allem-Was-Ist. Die Zerrissenheit geht ihrem Ende entgegen und ihr werdet feststellen, wie verbunden die Menschen untereinander sind, wie verbunden sie mit allem sind. Dies ist der größten Quantensprung, den ihr zur Zeit vollbringt und er wird euer Leben nachhaltig verändern. Kriege, Auseinandersetzungen, Verletzungen der Erde und der Natur werden sich auflösen, denn alles was ihr anderen Menschen und der Erde zufügt, fügt ihr euch selber zu. Einigen wenigen Mystikern ist diese Qualität bereits bewusst. Sie wird jetzt aber in großem Maße Einzug halten und die Menschheit von ihrem Los befreien. Dass dieser Umstand größere Umwälzungen zur Folge hat, ist euch sicher klar. Da sich aber eure Perspektive verändert, werden gewisse Paradigmen unhaltbar und sich auflösen. Dies muss nicht unbedingt schmerzhaft sein, denn die neue Klarheit wird stärker sein und eure Veränderungen unterstützen. Je höher die Schwingung ist, umso transparenter wird euer Weltbild und eure Verpflichtung allem gegenüber.

Entscheidungen aus euch selbst heraus werden euren Alltag bestimmen. Fremdbestimmung und Unterdrückung gehören immer mehr der Vergangenheit an. Dies ist kein Egoismus, sondern ein zu sich selbst stehen im Innen und Außen. Dies mag für eure Umwelt nicht immer einfach sein, wenn ihr gefügig euren alten Weg gegangen seid. Die Zeit ist nun reif, volle Verantwortung für sich selber und seine Taten zu übernehmen. Dies braucht sicherlich am Anfang Mut, aber bedenkt, dass alle Menschen mit diesem Sachverhalt konfrontiert werden. Die einen früher, die anderen später. Geht also unbeirrt euren eigenen Weg. Das ist der einzige, den ihr gehen könnt. Sobald ihr auf eurem eigenen Weg seid, werdet ihr kosmische Unterstützung erhalten. Türen und Tore werden sich öffnen und ihr werdet euch getragen fühlen und Dinge realisieren, von denen ihr nur geträumt habt. Jeder Mensch hat seine eigene Bestimmung. Vertraut auf eure innere Führung. Sie wird euch zu eurem Ziel führen. Vergesst aber nicht, dass der Weg zum Ziel eure Bestimmung ist. All die unzähligen Lernprozesse, die ihr absolviert, machen aus eurem Seelendiamanten ein facettenreiches Juwel. Schreitet vorwärts ins Licht und lasst euer Licht in eure Umgebung strahlen. Das Licht vertreibt das Dunkle, bringt euch Klarheit und zeigt euch euren Weg.

Eure Verbindung mit Allem-Was-Ist und jemals war, wird euch in naher Zukunft bewusst werden und euer Weltbild revolutionieren. Ihr seid nicht einsame, abgekapselte Wesen hier auf der Erde, sondern Teil eines größeren Ganzen, auf der Erde und im Kosmos. Diese veränderte Perspektive wird euch große Möglichkeiten offenbaren und der Menschheit einen Evolutionsschub bereiten. Die Sensitivität der Menschen wird durchbrechen und nicht mehr hinter vorgehaltener Hand diskutiert und mitgeteilt werden. Die Sensitiven werden nicht mehr belächelt, sondern ernst genommen werden, weil sie einen wichtigen Beitrag für das Wohl des Ganzen leisten. Die Schleier, die euch von der Ganzheitlichkeit trennten, verflüchtigen sich nun schrittweise und werden euch ein umfassendes Bild eures Lebens und eurer Erde aufzeigen. Mit diesem ganzheitlichen Wissen werden eure momentanen Probleme teilweise in sich zusammenbrechen und lösungsorientierte Prozesse ein neues Weltbild kreieren. Wir haben euch immer gesagt, dass viele Veränderungen durch die Erhöhung der Schwingung mitgetragen und gelöst werden. Je höher die Schwingung, umso verschiedener wird eure Realität hier auf der Erde sein. Es ist vergleichbar mit den Ufern eines Flusses, die sich von der Quelle bis zur Mündung verändern. Fließt also mit dieser Schwingung und erkennt und akzeptiert die Neuerungen auf eurem Weg. Sie sind zum Wohle der Erde und ihrer Menschen.

Wie oben, so auch unten. Dieses Gesetz kennt ihr schon seit tausenden von Jahren und nun wird es euch langsam offenbart und dies nicht nur den Wissenschaftlern, sondern der breiten Masse. Diese Gesetzmäßigkeiten beeinflussen Alles-Was-Ist, vom kleinsten Atom bis zu den Gestirnen. Daraus könnt ihr die Antworten zu vielen Fragen finden, die euch beschäftigen. Wenn ihr euch also mit dem Naheliegenden beschäftigt, beeinflusst ihr auch das Ferne, das Kosmische. Viele eurer Lernerfahrungen werden sich mit diesem Thema beschäftigen und euch Rückschlüsse liefern, wie ihr mit euch selbst und der Erde umgehen solltet. Da alles mit allem verbunden ist, trägt jeder persönlich eine große Verantwortung für Alles-Was-Ist. Es gibt keine unwichtigen Menschen auf der Erde. Jeder trägt zum Wohle des Ganzen bei, wo auch immer er ist und was auch immer er tut. Eure Verbindung zu Mutter Erde wird euch tragen, nähren und leiten in dieser Zeit der immensen Herausforderungen. Lernt sie besser kennen und vertraut ihren Rhythmen, denn auch sie ist ein kosmisches Wesen wie ihr, das diese Transitionszeit durchzustehen hat, um ins goldene Zeitalter zu gelangen. Liebt sie, wie ihr euch selber liebt, denn den Schritt in die fünfte Dimension geht ihr gemeinsam. Die Liebe hält Alles-Was-Ist zusammen in alle Ewigkeit.

Mit allen Wesenheiten, mit denen ihr im Laufe eures Lebens in Verbindung tretet, verbindet euch eine spezielle energetische, karmische Beziehung. Dieses Miteinander kann euch zu Höhenflügen oder aber auch zu schmerzlichen Lernprozessen führen. Die Zeit der Transition bietet euch nun die Chance, solche Lernprozesse zu verarbeiten, respektive zu transformieren. Lasst euch von der Liebe leiten und erlaubt euch, diese Prozesse mit Mitgefühl anzugehen und zu lösen. Befreit werdet ihr so euren Weg weiter gehen, denn Altlasten wären schwer zu ertragen bei der immer schneller schwingenden Energie, die die Erde jetzt aufnimmt. Wir haben euch gesagt, dass ihr mit möglichst kleinem »Gepäck« in die neue Dimension aufsteigen und den Ballast von euch abstreifen und transformieren solltet. Diese Läuterung wird eurer Physis und Psyche erlauben, die hohe Energie besser integrieren und umsetzen zu können. Flüchtet aus diesem Grunde nicht vor euren Lernprozessen, schaut sie an und analysiert, was sie euch aufzeigen wollen und integriert eure neuen Erkenntnisse in euren Alltag. Durch die immer größere Bewusstwerdung eurer Selbst, tragt ihr wesentlich dazu bei, dass die Erde und die Menschen ihren Weg ins Licht finden. Jeder Einzelne trägt somit seine Verantwortung in diesem großen Geschehen.

Die vielen Lernprozesse, die die Menschheit jetzt zu transformieren hat, wird sie auf einen neuen Bewusstseinsstand bringen und somit der Erde helfen bei ihrer

Transition in die fünfte Dimension. Seid also nicht erstaunt, immer wieder herausgefordert zu werden. Flexibilität und immer wieder loslassen alter Paradigmen ist jetzt angebracht. Dieser Prozess wird euch von eurem alten Ich befreien und euch zu eurer wahren Persönlichkeit führen. Einer Persönlichkeit, die auf alle Erfahrungen, die in ihr gespeichert sind, zurückgreifen kann. Einer Persönlichkeit, die sich bewusst mit Allem-Was-Ist verbinden kann und so aus dem Vollen schöpfen wird. Eine Persönlichkeit, die sich ihrer göttlichen Attribute bewusst ist und verantwortungsvoll ihren Weg hier auf der Erde gehen wird, im Einklang mit sich selbst, der Erde und dem Kosmos. Die Liebe verbindet Alles-Was-Ist und die Liebe wird die Energie sein, die euch in die neue goldene Ära führen, euch nähren und die zukünftigen Lebensbedingungen bestimmen wird. Nehmt diese Herausforderung wahr! Sie wird euch von der stark polaren, drei- und vierdimensionalen Realität befreien und euch eurer wahren Berufung zuführen, zu eurer Göttlichkeit.

Die Verbindung von den Himmeln und der Erde

Wie wir euch im vorhergehenden Kapitel erklärt haben, ist alles miteinander verbunden, auf der Erde und im Kosmos. Die Erdenbewohner sind kosmische Wesen, wie wir alle auch. Auch wenn ihr euch momentan noch als getrennt von euren kosmischen Wurzeln fühlt, so wird sich dieser Zustand nun allmählich verändern und ihr werdet anfangen, euch zu erinnern, wer ihr wirklich seid. Eure Sternengeschwister werden euch auf einmal bewusst und bald darauf werdet ihr mit ihnen Kontakt aufnehmen. Dies muss nicht physisch geschehen, sondern ähnlich wie die Durchgabe der Information dieses Buches. Diese Kontaktnahme entsteht durch Herzfrequenzen und die Information wird mental und emotional empfangen. Jeder Mensch wird für sich selbst genau wissen, dass diese Kontaktnahme und die erhaltenen Informationen stimmen, auch wenn eure Wissenschaft noch nicht in der Lage ist, dies nachzuvollziehen. All die verschiedenen Informationen, die über die ganze Erde verteilt empfangen werden, sind kongruent. Sie erzählen von der Liebe, von der gemeinsamen Verbindung, von unserem Schöpfer, unserer Quelle. Die Sehnsucht, nach so langer Zeit der Trennung wieder im kosmischen Verbund bewusst Aufnahme zu finden, wird euch und uns tief beglücken und erfüllen. Die Himmel werden auf die Erde kommen! Eine bewusste kosmische Wiedervereinigung der inkarnierten Seelen.

Die Himmel sind nicht irgendwo oben, sondern neben euch auf der Erde. Auf der Erde sind simultan verschiedene Dimensionen und Realitätsebenen vorhanden. Eure Verstorbenen zum Beispiel leben auf einer parallelen Existenzebene neben euch. Darum ist es durchaus möglich, dass sie mit euch Kontakt aufnehmen und euch immer noch begleiten, je nach Verbindung, die ihr mit ihnen auf der Erde hattet. Zudem ist Zeit und Raum eine Illusion. Eure ganze Geschichte ist im Jetzt gegenwärtig auf verschiedenen Bewusstseinsstufen. Auch die kosmischen Existenzformen sind von der euren nicht getrennt, sondern sie fließen ineinander über. Wir sind alle miteinander verflochten und tauschen Impulse aus. Je höher der Bewusstseinsstand der Wesen eines Gestirns ist, je klarer können die Impulse und Informationen angenommen und verarbeitet werden. Durch die momentane Erhöhung der Erdenschwingung wird sich dieser Schleier nun lichten und der Menschheit Klarheit bringen, um sich ganzheitlicher einsetzen zu können. Durch diese Öffnung werden euch, als Metapher, Schuppen von den Augen fallen und dies wird euren Alltag auf Erden beträchtlich verändern. Ganzheitliche Gesetzmäßigkeiten werden euren bisherigen Lebensstil revolutionieren und euch und der Erde die kosmische Fülle offenbaren.

Viele der bevorstehenden Prüfungen, die ihr durchzustehen habt, werden die Schleier der Trennung durchbrechen und euch zu ganzheitlicherem Bewusstsein führen. Alte Paradigmen werden losgelassen und das Leben auf der Erde wird aus einer für euch neuen Perspektive betrachten werden. Wie immer in euren Lernprozessen geht es um das Loslassen des Alten und um das Annehmen und Integrieren des Neuen. Die nächsten Jahre werdet ihr dauernd herausgefordert und eure Flexibilität trainiert. Ihr seid wie auf einer Seefahrt und müsst, besonders bei hohem Wellengang, eure Stabilität erarbeiten. Eure persönliche Stabilität, euer Weg zu euch selber, eurer Mitte, wird die Bewusstseinsarbeit sein, die ihr nun zu leisten habt. Vergesst nie, dass ihr diesen Weg nur selber gehen könnt – jeder persönlich für sich selbst. Jeder Mensch muss bereit sein, ins innere Lot zu kommen. Dies gehört zu der neuen Verantwortung, die jeder Mensch jetzt lernen muss zu tragen. Aus sich heraus die erforderliche Stabilität aufbauen, um dann erst seiner Umwelt und dann der Erde zu dienen. Denn jeder Mensch ist eine Stütze in dieser Transition, ein kleines funktionierendes Universum, das dem Ganzen Kraft und Vitalität verleiht. Es ist also in dieser Transitionszeit nicht wichtig, welche Funktion ihr innehabt. Denn jeder Mensch ist dort eingesetzt, wo er sich selbst und den anderen am besten helfen kann. Jeder trägt mit unschätzbarem Wert an dieser Wiedergeburt der Erde in die fünfte Dimension bei.

Verbindungen, wie auch immer sie sein mögen, sind eine Transaktion, eine Verflechtung von Energien, die ein neues Produkt, einen neuen Zustand verursachen. Das heißt, die Verbindung zweier oder mehrerer verschiedener Energien ergeben ein gänzlich neues Miteinander. Obwohl die Erstenergien vorhanden sind, ergeben sie in Kombination mit den anderen Energien eine neue Symbiose, Gattung oder Art. Viele Neuerungen, die ihr jetzt erlebt und integriert, haben mit dieser Sachlage zu tun. Da sich der Schleier der Trennung nun allmählich lüftet, können neue kreative Verbindungen kreiert werden. In eurem Alltag werdet ihr also zunehmend mit Veränderungen und Neuerungen konfrontiert, die das Resultat der neuen Energieverbindungen sind. Die hohe Energie, die jetzt von der Sonne und vom Kosmos auf die Erde gespült wird, verbindet sich mit eurer persönlichen Energie. Die Vermählung dieser Energien wird einen veränderten, neuen Menschen aus euch machen, der auf der Evolutionsspirale einen großen Schritt weitergekommen ist. Die Natur und die Erde sind ebenfalls diesem Prozess unterworfen. Eine Mutation, die euch und allen erlauben wird, die fünfdimensionale Schwingung zu integrieren. Die Spirale der Evolution lässt sich nicht aufhalten. Sie hält immer Schritt mit der Schwingungsdichte oder

-intensität. In diesem Geschehen euer Gleichgewicht zu halten ist eure Aufgabe und Herausforderung. In der Stille und Ruhe werdet ihr die Gelassenheit erarbeiten, die ihr braucht.

Die Liebe verbindet Alles-Was-Ist, denn die Liebe ist die kosmische Energie schlechthin. Alles wird von ihr durchdrungen. Sie ist der Motor des Lebens, jeder Aktivität, jeder Regung. Ohne Liebe würde der Kosmos in sich zusammenfallen. Die Liebe ist unser aller Schöpfer, unsere Quelle. Wenn die Schleier der Trennung auf der Erde aufgehoben sind, werdet ihr eure Göttlichkeit erkennen und danach handeln. Die Harmonisierung der Polaritäten wird das Ihre beitragen und die Existenz auf der Erde paradiesisch gestalten, durch die momentan hohen Energien, die die Erde umgestalten. Vertraut dieser Energie, integriert sie in eurem Körper und arbeitet mit ihr an der Umstrukturierung eurer Gesellschaft, damit sie sich besser in diese Schwingung einfügen und zurechtfinden kann. Die jetzige Zeit ist für die Erde eine Zeit der fundamentalsten Änderungen, sowohl geophysisch, wie für ihre Menschheit. Diese Zeit mitgestalten zu dürfen ist eine Gnade und das Resultat eines langen terrestrischen Inkarnationszyklus, mit dem Ziel, die Erde ins Licht und bewusst mit der kosmischen Liebe zu verbinden. Die vielen Lichtträger werden sich nun wie eine Familie zusammenschließen, sich stärken, unterstützen und nähren. Ihr Lichtpotenzial wird wie ein Weckruf in die ganze Menschheit strahlen und allen Klarheit in diesem Transitionsprozess bringen. Wo auch immer ihr seid und was auch immer ihr tut, seid euch eurer Aufgabe bewusst.

Das Unverzichtbare

Den Härten, denen ihr jetzt in dieser Transitionszeit ausgesetzt seid, wird bald eine freiere, erfüllte Zeitperiode in eurem Leben folgen. Vertraut diesen Prozessen und erkennt die Entschlackung eurer Persönlichkeit, die jetzt stattfindet. Sie wird euch zu glücklicheren Menschen machen, die den Sinn ihrer Inkarnation sehen und ihre Aufgabe in diesem Leben angehen und meistern. Bei allen Herausforderungen vergesst nicht, dass ihr in Freude lernen könnt. Erkennt euren Prozess frühzeitig, bevor er euch Leid und Schmerz zufügt. Das heißt aber, dass ihr euer Leben bewusst betrachten und analysieren solltet. Was von Außen an euch herantritt, hat immer mit euch selber zu tun. Es gibt keine Opfer und keine Täter. Es gibt nur Lernprozesse, die es zu meistern gilt. Die Zeit des unbewussten Treibenlassens ist vorbei. Ich kann nicht genug betonen, wie wichtig der Zugang zu euch selbst ist, zu eurem Innern, zu eurer Seele und Psyche. Eine Persönlichkeit, die sich als ganzheitliche Wesenheit erfährt, verfügt über Stabilität und innere Ruhe. Eigenschaften, die die Verankerung der hohen Energie unterstützen und umsetzen. Die hohen kosmischen Energien arbeiten in eurem Sinne, sie unterstützen eure weitere

Entwicklung und die der Erde. Einige eurer Eigenschaften sind nicht mehr kompatibel mit dieser neuen hohen Energie. Lasst sie los und begrüßt den Beginn einer neuen fruchtbaren Ära.

Das Chaos, dem ihr derzeit begegnet, dringt in alle Lebensbereiche, sei es in eure Arbeit oder in eure Beziehungen. Der Boden unter euren Füssen wackelt und fordert euch auf, eure Stabilität in euch selbst zu suchen und nicht mehr im Außen. Dieser neue Zeitgeist bringt euch auf euren Weg. Dadurch können sich Beziehungen und Arbeitsengagements lösen, weil sie nicht mehr zu euch passen, weil sie euren weiteren Weg behindern. Diese hohe Energiewelle wird euch an euer Ziel bringen. Die Kunst ist, ihr zu vertrauen und sich von ihr führen zu lassen, auch wenn sie von euch schmerzliche Auflösungen und Abschiede fordert. Glücklichsein ist ein Menschenrecht, auf das jeder Anspruch hat und so ist es da und dort nötig, sein Leben umzustrukturieren, um glücklich zu sein. Im ersten Moment scheint es nur Probleme zu geben, aber bald werdet ihr erkennen, dass diese hohe Energie euch zu euch selbst zurückführt, euch nährt und unterstützt. Mit dieser Kraft, die zu euch gehört, werdet ihr euer Leben in euerem Sinne neu gestalten und erfüllt und glücklich sein. Durch diese Befreiung wird es euch noch besser gelingen, die Energie in eurem Körper zu integrieren und ihr seid so gewappnet, die euch gestellten Herausforderungen zu meistern. Diese Aufgaben machen aus euch ganzheitliche Persönlichkeiten, die die Gesellschaftsstrukturen erneuern und das Leben auf der Erde glücklicher gestalten.

Manche mögen in dieser Zeit der beschleunigten Energie Mühe haben Schritt zu halten. Wenn euch die Außenwelt zu stark fordert, haltet inne, nehmt eine Auszeit und versucht in die Stille und Ruhe zu kommen. Seid euch bewusst, die Integration dieser hohen Schwingung ist für euren Körper eine physische und psychische Herausforderung. Es können da und dort Schmerzen und Lähmungsgefühle auftreten, die sich aber nur kurzfristig manifestieren. Beobachtet die Signale eures Körpers und helft ihm bei der Bewältigung seiner Aufgaben. Längerfristig werdet ihr euch in eurem Körper besser fühlen und er wird seine Aufgabe wunderbar meistern. Psychische Schwierigkeiten solltet ihr frühzeitig angehen. Die Rückbindung zu Mutter Erde wird euch helfen, eure Stabilität zu bewahren oder wiederzuerlangen. Geht also viel in die Natur. Spazieren, Gartenarbeit oder Barfußgehen im Sommer sind einige der Hinweise, die ich euch geben kann. Betrachtet die Erde als eure Freundin, eure Schicksalsgefährtin, denn auch sie muss diese hohen Energien integrieren, um in die nächsthöhere Dimension zu gelangen. Versucht, euch von negativen Energien so gut es geht fernzuhalten, denn sie erschweren die Integration der neuen Schwingung. Positive Energien wie Freude, Lachen und Unbeschwertes, helfen euch sehr bei der

Annahme und Integration dieser kosmischen Energie. Es ist an euch, immer wieder die Weichen zu stellen, die euch Glücksgefühle bescheren. Fragt euch: Brauche ich das, tut mir das gut? Danach zu handeln wird euren Alltag erleichtern. Ihr bestimmt die Qualität dieser Transitionszeit, denn ihr seid in voller Verantwortung eurer Selbst, eines göttlichen Wesens. Eure Beurteilung und Entscheidung dieser vielen Lebenssituationen gehört zum Prozess der Transition. Eine klare Läuterung und Annahme eurer persönlichen Macht.

Freude, das Liebevolle und Unbeschwerte sind wie gesagt die Qualitäten, denen ihr euch zuwenden solltet. Vermeidet so gut es geht negative Umstände und Orte, denn dies verlangsamt eure Schwingung. Mit der Integration dieser hohen Energie könnte es sonst Probleme geben, Verzögerungen, Druck und Stress. Wenn ihr euch mit Freudvollem umgebt, so ist die Integration der hohen Schwingung einfacher, kompatibel und aufbauend. Lasst nicht zu, euch von Personen und Umständen runterziehen zu lassen. Werdet selektiv in der Auswahl eurer Freundschaften, eurer Arbeit und eurer Freizeitbeschäftigung. Jedes menschliche Wesen hat freien Zugang zu kosmischer Energie, kann sich energetisch davon nähren und füllen. Erlaubt niemandem, eure eigene Energie abzuziehen. Dies schadet nicht nur euch selber, sondern auch der Person, die sie euch entzieht, denn sie lernt sonst nicht, dass die Energie des Universums für alle da ist. Die Rückbesinnung jedes Menschen auf sich selbst ist der angezeigte Lernprozess. Denn nur so wird jeder Mensch seine persönliche Verantwortung übernehmen und sich in dieser hohen Energie einbringen können. Mancher Beziehung wird aus diesem Grunde ein Ende gesetzt, da euch die momentane Energie Klarheit und Bewusstheit bringt. Schmarotzer und Energievampire werden jetzt lernen, auf eigenen Füssen zu stehen und sich direkt mit kosmischer Energie zu nähren.

Als Unverzichtbares in diesem Transitionsprozess möchten wir euch vor allem die Freude nahelegen. Die Freude an allem, kleinen Sachen und Details, aber auch an persönlichen Entwicklungen, die euch jetzt offenbart werden. Empfangt die Veränderungen bewusst und genießt eure Neuerungen und Schätze. Große und kleine Schritte in eine bessere Zukunft werden jetzt vollzogen. Dazu braucht ihr Stabilität, eine gute Erdung und immer wieder Rückbesinnung auf euch selbst. Werdet euer bester Freund und wechselt von der Außen- zur Innenschau. Habt euch lieb und begegnet ebenso eurem Umfeld. Ein liebevolles Netzwerk gibt euch Kraft, Vertrauen, Rückhalt und Sicherheit in einer Zeit großer Veränderungen. Bringt die vielen Facetten eurer Persönlichkeit in euren Alltag ein und bereichert die Gesellschaft, in der ihr lebt. Steht mutig zu euch selbst. Mein Anliegen ist eine Menschheit, die über sich selbst hinauswächst und in die fünfte Dimension wiedergeboren wird. Eine Menschheit, die aus ihren früheren Erfahrungen gelernt hat und die bereit ist, mutig neue Wege zu gehen. Eine Menschheit, deren größtes Anliegen das liebevolle Miteinander und das Wohl des Planeten Erde ist. Eine Menschheit, die in sich ruht und daraus die Kraft schöpft, größere Zusammenhänge zu erkennen und anzunehmen. Eine Menschheit, die als kosmischer Bürger ihre Erfahrungen an die Sternengeschwister weitergeben und von ihnen neue annehmen kann.

Die Liebe in all ihren Facetten wird die Menschheit und die Erde umarmen. Sie ist die Energie eurer Zukunft, die kosmische Energie, die Alles-Was-Ist zusammenhält und bewegt. In eurer stark polaren Realität war es für die Liebe schwierig, sich global auszudehnen. Dies wird sich nun Schritt für Schritt verändern und euch ungeahnte Möglichkeiten und Ressourcen offenbaren. Das herrschende Gegeneinander wird durch ein Miteinander ersetzt und viele eurer Probleme lösen. Die Harmonisierung der Polaritäten, die durch die erhöhte Schwingung herbeigeführt wird, wird der Liebe den Platz zugestehen, der ihr gehört, nämlich im Herzen aller Menschen. Mit einem liebevollen Herzen werden eure Probleme gelöst und Mutter Erde unterstützt werden. Der Beginn eines goldenen Zeitalters. Bis es so weit ist, versucht, Entscheide mit eurem Herzen zu fällen, sodass Ratio und Emotionen vereint ein Ergebnis erarbeiten und vom Herzen aussenden. Euer physisches Herz wird diese

Energie begrüßen und stressfreier seinen Dienst leisten. Euer Herz ist euer Motor und zugleich wird es mit der Liebe gleichgesetzt! Der »Motor« eures Lebens ist also die Liebe. Denkt darüber nach. Unser Schöpfer, unsere Quelle, ist die Liebe und ihr wurdet aus der Liebe geboren, um die Liebe des EINEN zu leben.

Zukunftswünsche

Ein jeder Mensch hat seine Wünsche für die Zukunft. Vor allem möchte er in seinem Umfeld glücklich sein, Liebe geben und erhalten und sich einer erfüllenden Arbeit widmen, die ihm auch finanziellen Rückhalt gewährt. Er möchte sich um seine Lieben sorgen und seine Kinder in Sicherheit und Frieden aufwachsen sehen. Alles ganz legitime Wünsche, die eigentlich ein Menschenrecht sind. Viele Regionen dieser Erde kennen diese Situation nicht und es ist an der Zeit, dass sich dies ändert, denn alle Menschen haben das Recht auf ihr Glück. Durch die erhöhte Schwingung und die Harmonisierung der Polaritäten wird der Erde ein Gleichgewicht zuteil, das die Menschen unterstützen wird in ihren Bestrebungen ein menschenfreundliches Leben zu erfahren. Die Aufteilung der Ressourcen, die Möglichkeit aller auf Bildung, wird der Menschheit einen neuen Wohlstand bringen, im Sinne aller und der Erde. Einige Veränderungen werden nötig sein, um dies zu erreichen, doch wird diese hohe kosmische Schwingung den Boden vorbereiten und die Erdbevölkerung zu ihrem Menschsein zurückführen, zum Miteinander, zu Mitgefühl und Zusammenarbeit. Kriegerische Auseinandersetzungen werden der Vergangenheit angehören und somit große finanzielle Ressourcen freisetzen, um friedvolle, unterstützende Projekte zu realisieren. Die Menschen werden sich als globale Erdenbürger verstehen und ihren Reichtum erdumfassend, kreativ und heilend einsetzen.

Wünsche für ein besseres Leben in Frieden und Eintracht und Wünsche für die Gesundung der Erde werden den Hauptfokus der Menschheit bilden. Der Mensch und die Erde leben in Symbiose und dies wird der Menschheit immer klarer. Große Anstrengungen werden nun unternommen, um diese Symbiose gesund zu gestalten. Die Erde unterstützt den Menschen wo sie nur kann. Aber auch sie braucht die Unterstützung ihrer Bewohner in dieser energetisch wichtigen Zeit, denn gemeinsam werdet ihr in eine höhere Dimension aufsteigen. Die Erde mit ihren Menschen wird bewusster Teil der kosmischen Familie und ihre Strahlkraft wird den ganzen Sektor der Galaxis beeinflussen. Diese Interaktion wird die Erde und ihre Bewohner teilhaben lassen am universellen Geschehen. Die Trennung der Erde und ihrer Menschen vom übrigen Kosmos wird aufgehoben und gelöst sein. Die ganze kosmische Familie wird euch und die Erde aufnehmen in ihren Kreis. Eure Begrenzungen werden der Vergangenheit angehören und die kosmische Liebe wird auf der Erde Einzug halten, euch nähren und unterstützen. Die Sehnsucht eurer Sternengeschwister ist groß, euch bald zu begrüßen. Die gemeinsame Zusammenarbeit wird euch fördern und tragen.

Bewohner der Erde, Terra oder Gaia, willkommen zu Hause!

Danksagung

Dass dieses Buch auf diesem Wege veröffentlicht werden konnte, verdanke ich meiner lieben Nichte Melody Aimée Reymond. Ich bedanke mich von ganzem Herzen für ihr Engagement, ihre Motivation und ihren unermüdlichen Einsatz.

Weitere Bücher der Autorin

Vereinigung der Populationen der Inneren und der Äußeren Erde

Rodon von Agartha spricht zu den Menschen der

Äußeren Erde

Mit großer Freude hat meine Population von Agartha der Inneren Erde beschlossen, nun den Kontakt zu den Zivilisationen der Äußeren Erde aufzunehmen. Dies wird euch euren Heimatplaneten Erde unter einem neuen Gesichtspunkt erkennen lassen und uns die Möglichkeit geben, uns vorzustellen. Die Jahrtausende lange

Trennung von unseren Erdmitbewohnern wird endlich aufgehoben, denn die neue, hohe fünfdimensionale Energie macht jetzt diesen Zusammenschluss möglich. Als geeinigte Erdenpopulation werden wir gemeinsam unsere kosmische Lichtfamilie in die Arme schließen können und uns in den kosmischen Räten eingeben.

Die Zeit ist reif, uns gegenseitig kennenzulernen und gemeinsam die Geschicke unserer lieben Mutter Erde wahrzunehmen. Wir sind alle EINS, Bewohner der Erde, Terra oder Gaia und reisen gemeinsam mit ihr weiter auf unserer kosmischen Lichtreise. Möge euch unsere Präsenz beglücken und euch Terra in einem neuen Lichte zeigen.

Mit großer Sehnsucht erwarten wir die Wiedervereinigung unserer Brüder und Schwestern der Äußeren Erde.

Alao

Euer Bruder Rodon von Agartha

Harmonisierung der Polaritäten

Botschaften von Sekhmet

Seit Äonen bin ich mit der Menschheit in Liebe verbunden und ich nehme den Anlass des Dimensionswechsels gerne wahr, euch ihr Lieben, durch meine Erklärungen den Sachverhalt oder die kommenden Veränderungen zu erläutern, damit ihr diesen Aufstieg in die fünfte Dimension und die Handhabung dieser neuen Energie mit Anmut und Würde annehmen und integrieren könnt. Die Liebe eurer Sternengeschwister ist auf der Erde sehr präsent und sie unterstützen euch, wo immer sie können und dürfen – denn auch sie gehen auf ihrer Evolutionsspirale weiter. Ihr entwickelt euch gemeinsam mit eurer kosmischen Familie, denn nur im Verbund mit den anderen Lichtträgern wird die Evolutionsspirale erklommen. Unserer aller Herzen verbinden sich im EINEN und erlauben so die lichtvolle Erhöhung unseres ganzen Universums.

Seid euch eurer Verantwortung für das Ganze bewusst und schreitet weiter mit der Erde ins Licht auf eurer kosmischen Reise. Unsere gegenseitige Liebe nährt und beflügelt uns zur Glorie des EINEN. Ein wundervoller neuer Erdenzyklus wird jetzt eingeläutet, der die Menschheit in das Goldene Zeitalter führen wird. Gelobt sind die Lichtträger, die diesen Evolutionsschub für die Menschen ermöglichen.

In großer Dankbarkeit und Liebe
Sekhmet

Aufstiegshilfen in die fünfte Dimension

Durchsagen von Sirius A

Die Erde und ihre Menschen sind dabei, einen Dimensionswechsel zu vollziehen. Deshalb ist die Zeit, in der wir jetzt auf der Erde leben, reich an Transformation. Es ist den Sirianern ein Anliegen, der Menschheit in dieser wichtigen Transitionszeit zu helfen, denn wir sind gleichberechtigte Raumgeschwister. Mit ihren kurzen Ausführungen möchten sie speziell Leute erreichen, die keine Zeit haben, sich in die Thematik des

Dimensionswechsels zu vertiefen. Es sind Anleitungen für eine Zeit tiefgreifender Veränderungen.

Wir bringen uns alle gemeinsam im Lichte des EINEN ein, wir sind miteinander verbunden. Die Liebe hält uns auf ewig zusammen.

Printed in Poland
by Amazon Fulfillment
Poland Sp. z o.o., Wrocław

83054829R10128